Die

Der harte Weg

Luana Rizz

Die Warteschleife

Der harte Weg zum eigenen Wunschkind

Biografische Information der Deutschen Nationalbibliothek: Die Deutsche Nationalbibliothek verzeichnet diese Publikation in der Deutschen Nationalbibliografie; detaillierte bibliografische Daten sind im Internet über http://dnb.dnb.de abrufbar.

© 2020 Luana Rizz
2. Auflage
Umschlaggestaltung: Katharina Netolitzky
Lektorat: BoD – Books on Demand, Norderstedt
Herstellung und Verlag: BoD – Books on Demand, Norderstedt

ISBN: 978-3-751-96922-2

EINLEITUNG

Du befindest dich sicher gerade mitten in oder vor der für Patienten der Kinderwunschzentren berühmt-berüchtigten Warteschleife. Vielleicht hast du auch schon die ein oder andere dieser Phasen hinter dir, in denen das Wort Warten eine grundlegend neue Bedeutung bekommt. Falls du noch ganz neu beim Thema Kinderwunschbehandlung bist, möchte ich dir die Bedeutung der Warteschleife mit wenigen Worten erklären. Damit bezeichnet man die Zeit zwischen dem Embryotransfer, also dem Tag, an dem die befruchtete Eizelle wieder zurück in die Gebärmutter gesetzt wird, und dem Tag des Schwangerschaftstests, an dem in der Kinderwunschklinik per Blut- oder Urintest festgestellt wird, ob eine Schwangerschaft vorliegt oder nicht. Diese besondere Zeitspanne verlangt uns so einiges ab. Geduld, Beherrschung, Verständnis, aber auch Mut, Zuversicht, Kampfgeist und Durchhaltevermögen. Vielleicht darf ich dir schon jetzt zu den eingezogenen Embryonen gratulieren. Vielleicht stehst du aber gerade auch unmittelbar vor dem Embryotransfer oder der Entnahme der Eizellen. Vielleicht befasst du dich gerade auch zum allerersten Mal mit dem dir noch befremdlich scheinenden Thema Kinderwunschbehandlung. So unterschiedlich die persönlichen Vorgeschichten und Behandlungswege auch sein mögen, wir alle stehen nach dem Embryotransfer am Beginn der Warteschleife. Dir steht eine Zeit bevor, die jeder Charakter auf seine ganz eigene Weise durchlebt. Es geht dabei nicht nur um das Warten selbst, sondern auch darum, was die Emotionen und Hormone mit uns in dieser Zeit anstellen. Während die einen relativ entspannt an die Sache herangehen können, ziehen sich andere vollends aus dem Leben zurück. Auch Partner, Familien, Freunde und vielleicht vorhandene Kinder bekommen die außergewöhnliche Situation meist deutlich zu spüren. Das kann zu Konflikten führen, die wir in dieser Zeit am allerwenigsten gebrauchen können. Vielleicht hast du selbst schon einige Kinderwunschbehandlungen hinter dir oder eine Fehlgeburt durchleben müssen. Oder du hast gerade erst erfahren, dass du und dein Partner auf natürlichem Weg keine Kinder mehr bekommen könnt. Es gibt so viele unterschiedliche Vorge-schichten, die die Warteschleife noch anstrengender machen können, als sie ohnehin schon ist. Zwischen acht und vierzehn Tagen hat jede einzelne Patientin zu überstehen, bis sie erfahren wird, ob die Kinder-wunschbehandlung erfolgreich verlaufen ist oder nicht. Die Kinderwunschkliniken arbeiten alle sehr unterschiedlich, und so müssen ihre Patientinnen auch unterschiedlich lange auf den Schwanger-schaftstest warten. Natürlich kommt es auch mit darauf an, in welchem Entwicklungsstadium ein

Embryo wieder zurück in die Gebärmutter gesetzt wird. Als mir bei meiner ersten ICSI-Behandlung meine Blastozyste am fünften Tag nach der Eizellentnahme – auch Punktion genannt – transferiert wurde, musste ich immer noch zehn Tage auf meinen Schwangerschaftstest warten – und das waren wirklich lange Tage. Die Warteschleife ist die einzige Zeit, in der ich erfahren musste, dass sich Menschen nicht mal über einen positiven Schwangerschaftstest richtig freuen konnten. Nach einem ersten positiven Urintest musste die Ergebnislinie am Folgetag erst einmal intensiver werden als Zeichen, dass das HCG im Körper stieg. Dann wurde der HCG-Wert im Blut ermittelt. Der wiederum musste sich alle zwei Tage verdoppeln und sollte gleichzeitig noch die in einer wissenschaftlichen Tabelle vorgegebene Norm erfüllen. Vielleicht unterstützt du die Einnistung, indem du während deiner Behandlung noch künstliches HCG spritzt, sodass der Test auch ohne vorliegende Schwangerschaft positiv ist. Früher war alles einfacher. Pipi auf den Test, eine Linie bedeutete nicht schwanger, zwei Linien bedeutete schwanger und sich auf das kommende Baby freuen. Keine HCG-Werte, keine negativen Gedanken. Das sollte sich mit meiner ersten künstlichen Befruchtung ändern.

Dieses kleine Buch erfüllt keinen fachlichen An-spruch, hierfür sind einzig und allein die Ärzte in den Kinderwunschkliniken zuständig. Es gewährt dir aber einen Einblick in das Leben eines Paares, das seine letzte Hoffnung auf ein gemeinsames Kind in die Hände eines der Kinderwunschzentren legen musste. Da du vermutlich ohnehin gerade an nichts anderes denken kannst, möchte ich dir mit meiner persönlichen Geschichte dabei helfen, die lange Wartezeit zu überbrücken. Ich möchte dir Ablenkung bieten, und das ganz ohne dem dir zurzeit wich-tigsten Thema aus dem Weg gehen zu müssen. Aus eigener Erfahrung kann ich sagen, dass eine gute Lektüre weitaus besser ist, als den lieben, langen Tag immer wieder aufs Neue im Internet nach möglichen Schwangerschaftssymptomen zu recherchieren oder an sich selbst nach grünen Punkten zu suchen. Falls du bisher noch nichts von grünen Punkten gehört hast: Das sind als solche interpretierte oder sogar eingebildete Anzeichen einer frühen Schwanger-schaft. Auf die kommen wir später natürlich noch ausführlich zu sprechen. Wir alle lieben Erfahrungs-geschichten. Auch ich war während der Zeit im Kinderwunschzentrum stets auf der Suche nach Leidensgenossen. Mit ihnen fühlte ich mich während der Behandlung nicht alleine und konnte auch in unsicheren Momenten meine Fragen denjenigen stel-len, die mit den Abläufen bereits vertraut waren.

Doch auch in diesem Rahmen wurde viel zu viel geschwiegen. Wer wollte schon freiwillig zugeben, dass eine Kinderwunschbehandlung nicht nur zur Hoffnung, sondern auch zu einem echten Problem werden konnte. Aus diesem Grund habe ich dieses Buch geschrieben. Für mich selbst, aber hoffentlich ebenso für alle, die diesen harten Weg über das Kinderwunschzentrum gehen müssen, so wie ich. Mir wäre es damals eine große Hilfe gewesen, wenn mir jemand aufrichtig erklärt hätte, was mich auf diesem Weg wirklich erwartet. Kinderwunschzentren sind in unserer Gesellschaft noch immer ein Tabuthema, obwohl die Kliniken restlos überlaufen sind. Mein Mann Matthias und ich waren wirklich überrascht, wie vielen Menschen wir dort begegnen durften. Wir waren definitiv nicht alleine, doch Beistand fehlte uns dort – mir als Frau, meinem Partner als Mann und auch uns als Paar. Damit meine ich nicht die Bereitschaft der Ärzte, uns über die erforderlichen Behandlungswege aufzuklären. Den Job machten dort alle wirklich super. Aber es fehlte uns an psychologischer Betreuung. In den meisten Kliniken ist der Zulauf so groß, dass es den Ärzten kaum möglich ist, ein soziales Verhältnis zu ihren Patienten aufzubauen. Ihnen die Zeit zu widmen, die während einer Kinderwunschbehandlung wirklich nötig ist. Manchmal fühlte ich mich wie Ware auf dem Fließband, und ich bin mir sicher, den Ärzten ging es in ihrem Berufsalltag nicht anders. Meine mir zugeteilte Ärztin pendelte wöchentlich zwischen zwei Kliniken, was dazu führte, dass ich sehr oft von unterschiedlichen Ärzten behandelt wurde. Der eine führte den Ultraschall durch, der Nächste entschied über den weiteren Behandlungsverlauf, ein Dritter begegnete mir im Operationssaal. Hier half wirklich nur eines: absolutes Vertrauen in die Arbeit des Kinderwunschzentrums. Wenn wir Paare während dieser Behandlung etwas benötigen, dann sind es gute Gesprächspartner. Während du also in der Warteschleife sitzt und auf dein hoffentlich positives Ergebnis wartest, werde ich ein wenig aus dem Nähkästchen plaudern. Beginnen wir einfach damit, wie bei uns alles begann. Ich wünsche dir ganz viel Freude mit unserer Geschichte und natürlich auch viel Durchhaltevermögen während deiner hoffentlich bald erfolgreichen Kinderwunschbehandlung.

VOR DER DIAGNOSE

„Ein Kind als Resultat der Verschmelzung
zweier Charaktere. Ein Kind aus Liebe."

Mein Name ist Luana, ich bin von Beruf eine Art Hochzeitsplanerin - und bereits Mutter eines dreizehnjährigen Jungen. Mit ihm war ich damals, gerade einmal siebzehn, auf ganz natürlichem Weg schwanger geworden. Geplant war das nicht, aber du kannst dir vorstellen, wie froh ich heute darüber bin, dass ich dieses Glück erleben durfte, auch wenn es gesellschaftlich kaum akzeptiert war und die Umstände alles andere als einfach. Heute als erwachsene Frau in den Dreißigern bin ich einfach nur dankbar und glaube fest daran, dass alles, was uns im Leben wiederfährt, aus einem ganz bestimmten Grund passiert. Etwa vier Jahre später wünschten mein damaliger Partner und ich für meinen Sohn ein Geschwisterkind. Wir stellten alle Verhütungsmaßnahmen ein und warteten gespannt darauf, dass es passierte. Da die Beziehung in die Brüche ging, war es rückblickend ein Geschenk des Himmels, dass es auch nach sechs kontrollierten Zyklen mit dem Zyklusmonitor Persona zu keiner weiteren Schwangerschaft gekommen war. Ich dachte nicht im Traum daran, dass körperlich bei mir etwas nicht in Ordnung sein könnte. Zumindest zu diesem Zeitpunkt noch nicht. Ohne auch nur einen weiteren Gedanken an das Thema Familienplanung zu verschwenden, genoss ich von da an mein eigenes Leben. Ich hatte meinen wunderbaren Jungen, und er zauberte mir Tag für Tag ein Lächeln ins Gesicht. Doch

13

mit der Zeit wuchs der Wunsch nach einer glücklichen Bilderbuchfamilie, und ich war immer sicher, mit dem richtigen Partner an meiner Seite würde ich das noch einmal in Perfektion erleben. Doch ich wollte nicht einfach nur ein Kind bekommen. Ich wollte ein Kind aus Liebe bekommen. Ein Kind als Resultat der Verschmelzung zweier Charaktere, ein Kind, auf das sich beide Partner freuten. Ich träumte davon, meinen Partner mit einem positiven Schwangerschaftstest zu Tränen zu rühren. Stellte mir vor, wie er seine Hand auf meinen runden Babybauch legen würde, um die ersten Bewegungen zu spüren. Auch wollte ich unbedingt einen dieser großartigen Schwangerschafts- und Neugeborenenfotoshootings durchführen, die gerade total im Trend lagen – ich selbst war übrigens nebenberuflich auf diesem Feld tätig. Ich wollte die glücklichste werdende Mama der Welt werden. Heute bin ich nach sechs wundervollen Beziehungsjahren glücklich verheiratet, und mit der Zeit wurde auch die Familienplanung wieder zu einem großen Thema in meinem Leben: Matthias und ich wünschten uns ein gemeinsames Kind. Voller Euphorie hörten wir auf zu verhüten. Da ich aus persönlicher Überzeugung hormonelle Verhütung schon seit Jahren ablehnte, wandte ich die Temperaturmethode an, auch unter dem Wort NFP – natürliche Familienplanung bekannt, weshalb ich heute behaupten kann, meinen Körper wirklich sehr gut zu kennen.

Wir wollten es ganz entspannt angehen, nach dem Motto, wenn es passiert, dann passiert es. Mein Zyklus funktionierte wie ein zuverlässiges Uhrwerk, und es wäre gelogen zu behaupten, ich hätte nicht zumindest ein wenig darauf geachtet, dass wir die fruchtbaren Tage auch für uns nutzten. Nach den ersten drei erfolglosen Zyklen machte ich mir noch nicht so viele Gedanken. Nach weiteren sechs, drei davon unter Anwendung von Ovulationstests, musste ich daran denken, dass es auch vor acht Jahren schon trotz einiger Versuche mit der Schwangerschaft nicht hatte klappen wollen. Allerdings vermutete ich jetzt schon etwas länger, dass bei mir irgendwas nicht stimmte. So richtig erklären konnte ich dieses Gefühl aber nicht. Einer damaligen Arbeitskollegin im Büro erzählte ich immer wieder von meiner Befürchtung, ich könne auf natürlichem Weg nicht mehr schwanger werden. Meine Sorgen wurden möglicherweise aber nur deshalb verstärkt, weil diese Kollegin selbst gerade mitten in einer harten Kinderwunschbehandlung steckte. Sie hatten drei Versuche gebraucht, bis sie endlich mit Zwillingen schwanger war. Während der Behandlungszeit änderte sich ihr Gemütszustand von Minute zu Minute. Sie weinte, sie lachte, sie war euphorisch und dann wieder am Boden zerstört. Manchmal kam sie gar nicht zu Arbeit. Ich versuchte, immer für sie da zu sein, ihr zuzuhören oder sie zu trösten. Heute bin ich mir sicher, dass ich ihr keine gute Gesprächspartnerin war. So gerne sie auch von allen Behandlungsschritten detailliert berichtete, so wenig verstand ich von dem, was sie mir erzählte. Zu weit weg war das Thema für mich. Die zahlreichen klinischen Fachbegriffe waren mir fremd, und ich konnte mich nicht in ihre Gefühlswelt hineinversetzten. Jedenfalls hielt sie mich immer für verrückt. Weil ich ja schon ein Kind hatte, würde ich, so meinte sie, definitiv keine Probleme damit haben, erneut schwanger zu werden. Irgendwie leuchtete mir diese Theorie auch ein, aber dennoch wollte es einfach nicht klappen. So wurde ich im Laufe der Zeit bei mehreren Gynäkologen vorstellig. Aber niemand hatte auch nur die geringste Ahnung, was mit mir nicht stimmen könnte. Ich war schlank, hatte einen regelmäßigen Achtundzwanzigtage-Zyklus, normale Perioden und galt aus medizinischer Sicht als kerngesund. Ein großes Blutbild bei meinem Hausarzt brachte dann endlich neue Erkenntnisse. Ich hatte eine Schilddrüsenunterfunktion. Man klärte mich darüber auf, dass diese das Eintreten einer Schwangerschaft verhindern könne. Mein Hausarzt war sich gar sicher, dass ich mit diesen Blutwerten niemals schwanger werden könnte. Daraufhin wurde ich mit einem Schilddrüsenmedikament erfolgreich eingestellt, der Wert passte, und so sollte auch einer Schwangerschaft nichts mehr im Weg stehen. Oder doch? Es wollte einfach nicht funktionieren. Die Ärzte nahmen mein Anliegen nicht ernst, denn alle Werte waren in bester Ordnung. Ich sollte etwas mehr Geduld aufbringen und mich nicht so unter Druck setzen. Aber irgendwie festigte sich das Gefühl bei mir, dass ich auf natürlichem Weg nicht schwanger werden konnte. Also suchte ich Rat bei einem weiteren Gynäkologen. Doch auch der brachte mir für meine Situation nur wenig Verständnis entgegen. Zwei weitere Gynäkologen waren unabhängig voneinander der festen Überzeugung, dass bei mir alles in Ordnung sei, da ich ja bereits ein Kind auf natürlichem Weg bekommen hatte. Diese Diagnosen, oder soll ich sagen: persönliche Meinungen, bekam ich übrigens ganz ohne jede gynäkologische Untersuchung zu hören. Ich sollte doch nur geduldiger sein und mich nicht so verrückt machen. Die meisten Paare würden genau dann schwanger werden, wenn sie überhaupt nicht damit rechneten. Diesen Satz hast du sicher auch schon zahlreiche Male gehört, und über die liebe Geduld kannst du bestimmt auch schon ein ganzes Kapitel schreiben. Bevor bei mir weitere Untersuchungen durchgeführt werden sollten, baten sie meinen Partner um ein Spermiogramm. In der Regel liege es nämlich an den Männern, die aber durchweg zu eitel seien, die eigene Zeugungsfähigkeit anzuzweifeln. Da sprach wohl eine echte Frauenärztin. Ich war beeindruckt über so viel fachliche Kompetenz. Bei einer Ultraschalluntersuchung stellte mein mittlerweile vierter Gynäkologe eine Ovarialzyste mit einer stolzen Größe von sieben Zentimetern fest. Ich war sehr dankbar darüber, dass er überhaupt bereit dazu war, mich zu untersuchen, denn auch er war im Vorgespräch der festen Überzeugung, dass eine Schwangerschaft mit etwas Geduld bestimmt bald eintreten würde. Er fragte mich, ob ich keine Beschwerden hätte. Die hatte ich tatsächlich nicht, aber mir war bewusst, dass eine Zyste eine Schwangerschaft verhindern kann. Somit war für mich schnell klar, das Ding muss weg. Ich hatte die Hoffnung, es habe einzig und allein an dieser Zyste gelegen, dass ich nicht schwanger wurde. Also behielt ich es für mich, dass ich keine Beschwerden hatte, denn die Diagnose und meine dem Arzt vorgelogenen Schmerzen waren meine persönliche Eintrittskarte in den OP. Innerhalb einer Woche hatte ich auch schon meinen Termin zur Laparoskopie. Im Zuge dieser Bauchspiegelung sollte neben der Entfernung der Ovarialzyste auch eine Eileiterdurchlässigkeitsprüfung durchgeführt und eine Gewebeprobe der Gebärmutterschleimhaut entnommen werden. Ich war absolut zuversichtlich, dass ich anschließend schlauer sein würde. Ich hatte schon viel über die Bauchspiegelung gelesen, und viele Frauen berichteten davon, sie seien unmittelbar schwanger geworden, nachdem die Eileiter erst mal gründlich durchgespült worden waren. Ich war mir sicher, dass es dann auch bei uns endlich klappen würde. Es war meine allererste Operation und meine allererste Vollnarkose. Ein bisschen mulmig war mir, aber was tut man nicht alles fürs Babyglück. Immerhin hatte ich jetzt einen Grund für das Ausbleiben der Schwangerschaft gefunden, und der war in der Theorie ganz einfach zu beheben.

DIE DIAGNOSE

„Wie kann es passieren, dass die Natur einem das natürlichste Glück auf Erden nimmt?"

Piep – Piep – Piep. Das Pulsmessgerät ertönte in meinen Ohren. Ich fühlte mich unendlich müde. Ich wollte so gerne noch ein bisschen schlafen. Nur noch ein paar Minuten. Plötzlich spürte ich einen pulsierenden Schmerz in meinem Unterleib. Ich öffnete die Augen und begriff wieder, wo ich war. Die Zeit war wie im Flug vergangen, und nun war schon alles vorbei. Meine erste Vollnarkose war gar nicht so schlimm gewesen. Als ich in den Operationsbereich geschoben wurde, war ich super aufgeregt, und die Neugier auf die ungewohnte Umgebung und alles, was geschah, war weitaus größer als meine Angst vor dem Eingriff. Bisher kannte ich Operationen nur aus dem Fernsehen. Sobald das Narkosemittel den Weg in den Körper findet, schläft man gedankenlos ein und verliert jedes Gefühl für Raum und Zeit. Es ist, als würde man für eine gewisse Zeit vollständig ausgeschaltet. Als zöge jemand den Stecker. Wären da nicht diese Schmerzen. Kurze Zeit später stand auch schon mein Gynäkologe vor mir, der mich als Belegarzt persönlich in der Klinik operiert hatte. Nachdem er zuvor ebenfalls fest überzeugt war, dass aus gynäkologischer Sicht bei mir alles in bester Ordnung sei, erklärte er mir nun mit wenigen Worten und gesenktem Kopf, dass ich Endometriose habe. Endo was? Das komplette kleine Becken sei davon betroffen, der linke Eierstock mit dem Darm verwachsen. Einige Verwachsungen habe er entfernen können. Die Eileiterdurchlässigkeitsprüfung war erfolglos verlaufen. Beide Eileiter waren komplett verschlossen und absolut unbeweglich. Das Eintreten einer Schwangerschaft sei damit faktisch unmöglich. Aber die Zyste war weg. Dass er selbst über diese Diagnose erstaunt war, half mir in dem Moment leider nicht. Seiner Aussage nach passte ich doch gar nicht in das typische Endometriose-Profil. Ich hatte regelmäßige Zyklen und keine Beschwerden. Zwar schmerzte mein Unterleib am ersten Tag der Periode mal mehr und mal weniger, aber bisher dachte ich immer, das sei völlig normal. Schließlich kannte ich es ja auch nicht anders. Aufgrund der Narkose begriff ich so gut wie gar nichts von dem, was mein Arzt mir erzählte. Was zur Hölle ist Endometriose? Bin ich krank? Ist das heilbar? Eine einzige Information war jedoch unmissverständlich bei mir angekommen. Ich würde auf natürlichem Weg keine Kinder mehr bekommen können. Er legte mir den Weg der künstlichen Befruchtung nahe. Damit würden viele Frauen erfolgreich schwanger. Mein schlimmster Verdacht hatte sich nun bestätigt und es gab kein Zurück mehr. Nachdem mein Arzt den Aufwachraum verlassen hatte, konnte ich meine Tränen nicht mehr zurückhalten. Ich weinte bitterlich und war allein. Ich bin mir sicher, auch du kennst dieses unbeschreiblich bittere Gefühl, wenn die Realität knallhart zuschlägt. Ohne jede Vorwarnung. Eigentlich sollte der Weg zum Wunschkind eine der schönsten Erfahrungen im Leben sein. Jetzt würde er zu einem Kampf werden, und im schlimmsten Fall blieb das Ziel unerreichbar. Eine Belastung für Körper, Seele, die Beziehung, aber auch finanziell. Ich fühlte mich kaputt. Mein eigener Körper ließ mich im Stich. Wie konnte das passieren, dass die Natur uns das natürlichste Glück auf Erden nimmt? Ich suchte die Schuld bei mir selbst und hasste mich dafür. Und als ob das noch nicht reichte, schienen um mich herum plötzlich alle schwanger zu werden und sich über ihr Glück zu freuen. Überall kamen Babys zur Welt, deren Eltern beglückwünscht werden wollten. Du spürst heute sicher genau wie ich diesen Neid. Diese Wut. Diese endlose Traurigkeit. Diese Hilflosigkeit, das Unverständnis darüber, warum es ausgerechnet dich getroffen hat. Vielleicht hast du keine Endometriose oder defekte Eileiter. Vielleicht produzierst du keine eigenen Eizellen oder hast keine Eisprünge. Oder du bist völlig gesund, und das Spermiogramm deines Mannes ist nicht so gut. Ja, es gibt sogar Paare, die grundlos kinderlos sind, da bei ihnen aus ärztlicher Sicht alles in Ordnung zu sein scheint. Aber was es auch sei, du hast den gleichen Wunsch, die gleiche Hoffnung und das gleiche Ziel. Ein eigenes Baby in deinem Bauch.

Wir mussten uns also mit dieser bitteren Diagnose auseinandersetzen und darüber nachdenken, wie es jetzt weitergehen sollte. Mein Gynäkologe überreichte uns direkt eine Überweisung ins Kinderwunschzentrum. Matthias war vor der Operation felsenfest davon überzeugt, dass wir diesen Weg nicht einschlagen würden. Er wollte kein Petrischalen-Kind, wie er es immer nannte. Er empfand das als unnatürlich und war sich nicht mal sicher, ob diese Vorgehensweise wirklich zu einem gesunden Baby führen würde. Nicht zuletzt wegen eines dieser zahlreichen Vorabgespräche über das Thema brach für mich eine ganze Welt zusammen. Noch im Krankenhaus flehte ich Matthias unter Tränen an, unserer Familie eine Chance zu geben. Damit hing meine Zukunft von einem Ja oder Nein von Matthias ab. Diese ausweglose Situation versetzte mich zurück in meine Kindheit. Wenn man etwas unbedingt wollte und zunächst einmal seine Eltern davon überzeugen musste. Sagten sie Nein, musste man dies akzeptieren und war absolut machtlos. Was wäre, wenn Matthias weiterhin gegen das Kinderwunschzentrum wäre? Könnte ich ihm diese Entscheidung je verzeihen? Umso überraschter war ich, als er meine Hand nahm und mir versprach, dass wir es über das Kinderwunschzentrum zumindest einmal versuchen würden. Er würde diesen Weg für mich gehen, da ihm bewusst sei, wie viel mir ein gemeinsames Kind in unserem gemeinsamen Leben bedeutete. Jedoch bestand er darauf, es auf maximal drei Versuche zu beschränken. Er wollte nicht, dass sich unsere Beziehung im Kinderwunsch verlieren würde. Darüber hinaus spielte natürlich auch der finanzielle Aspekt eine nicht unwesentliche Rolle. Schließlich kostet eine Kinderwunschbehandlung neben vielen Nerven auch einiges an Geld. Es musste vorab eine klare Grenze geben. Da war Matthias wohl der Vernünftigere von uns beiden. Mir wäre in der Situation alles recht gewesen. Hauptsache, wir bekommen ein Baby. Und drei Versuche, das klang doch auch erst einmal ganz gut.

DER WEG INS KINDERWUNSCH-ZENTRUM

„Einerseits war es die Angst zu versagen, andererseits der Gedanke, sich damit auseinandersetzen zu müssen, nie ein gemeinsames Kind zu bekommen."

Dieser Gang war für mich persönlich besonders schwer. Einerseits hatte ich Angst vor dem Schritt an sich, andererseits schämte ich mich, überhaupt in eine Kinderwunschklinik gehen zu müssen. Ich fühlte mich wie eine Versagerin, hatte große Angst davor, dass unsere geplanten drei Versuche einer künstlichen Befruchtung erfolglos bleiben würden. Einerseits war es die Angst zu versagen, andererseits der Gedanke, sich damit auseinandersetzen zu müssen, nie ein gemeinsames Kind zu bekommen. Und das war zu keinem Zeitpunkt eine Option für mich. Matthias sah das alles sehr viel lockerer als ich. Er war von Anbeginn an der Meinung, entweder es klappt und wir freuen uns auf unser Baby, oder es klappt nicht und wir sind trotzdem eine glückliche Familie. Er hatte sein ganzes Herz bereits für mein mit in die Beziehung gebrachtes Kind geöffnet. Dafür bin ich ihm noch heute unendlich dankbar. Als Frau war ich aber, was die Schwangerschaft betraf, doch sehr viel verkopfter und fühlte mich bei dem Thema von meinem Partner doch etwas im Stich gelassen. Mir schien es, als wäre ich mit meiner Sehnsucht völlig alleine. Sollte ein Kind nicht der sehnlichste Wunsch zweier Menschen sein? Das aber hätte ich niemals offen angesprochen, denn ich war bereits sehr glücklich darüber, dass Matthias diesen Weg überhaupt mit mir ging. Ich konnte mich aber auch mit sonst niemandem über meine wahren Gedanken, Ängste und Gefühle unterhalten. Kaum jemand war in der Lage, einfach nur zuzuhören. Jeder fühlte sich zu gut gemeinten Ratschlägen berufen. Aber auch geteilte Zuversicht half mir in der Situation einfach nicht weiter, setzte mich im Gegenteil unter Druck. Ich hatte eine Freundin, die ebenfalls den harten Weg einer Eileiteroperation und künstlichen Befruchtung hinter sich hatte, am Ende aber trotzdem spontan schwanger geworden und nun glückliche Mutter einer wundervollen Tochter ist. Ich gönne sie ihr wirklich von Herzen. Und dennoch - ihr Wunsch hatte sich erfüllt, und meiner würde sich vielleicht nie erfüllen.

∞

Wir hatten uns entschieden, vor unseren Freunden und Familien ganz offen mit dem Thema künstlicher Befruchtung umzugehen. So fühlte ich mich in meinem Vorhaben einigermaßen normal und musste mich auch in meinen launigen Phasen nicht verstecken. Wie sollte dieses Problem in der Gesellschaft denn auch Anerkennung finden, wenn sich niemand traute, es beim Namen zu nennen? Und das, obwohl so enorm viele Menschen davon betroffen sind. In den vergangenen Jahren waren Matthias und ich stets das Opfer der lieb gemeinten und immer wiederkehrenden Frage: „Wann ist es bei euch denn endlich so weit?" Und wie gerne hätten wir unseren Freunden und Familien doch schon längst die freudige Nachricht feierlich überbracht. Mit der unverblümt ausgesprochenen Wahrheit über den Grund unserer Kinderlosigkeit brachten wir unsere Freunde zum erröten, und nach kurzem mitleidserfüllten Zuspruch war dann auch endlich Ruhe am Tisch. Da schließlich jeder über die Behandlung Bescheid wusste, musste ich auch niemanden belügen. Vor allem nicht mich selbst. Ich brauchte keine Ausreden für nicht angerührten Alkohol und auch nicht für abgesagte Verabredungen aufgrund körperlichen und seelischen Unwohlseins. Auch die zahlreichen Spritzen konnte ich mir überall und zu jeder Zeit setzen, ohne mich dabei verstecken zu müssen. Ab dem Zeitpunkt wurde alles mit vollstem Verständnis auf unsere Kinderwunschbehandlung geschoben. Auch in Situationen, die rein gar nichts damit zu tun hatten – aber damit konnten wir gut leben. Mit der Familie war es leider nicht ganz so einfach wie mit unseren Freunden. Hier war die Neugier schon sehr groß, und aufgrund des engen Vertrauensverhältnisses bestand hier vor allem bei meiner Mama sogar der persönliche Anspruch auf eine Mitwisserschaft in allen Angelegenheiten. Somit musste ich mich immer wieder auf Meinungen und Nachfragen gefasst machen. Auch bereits getroffene Entscheidungen wurden häufig kritisiert. Jeder schien es besser zu wissen. Natürlich meinten sie es alle nur gut mit uns, aber hier handelte es sich einfach um eine sehr emotionale und belastende Ausnahmesituation. Vor allem ging es um persönliche Entscheidungen, deren Folgen ausschließlich unser privates Leben betrafen. Als mich meine zu dem Zeitpunkt hochschwangere Schwester während der Warteschleife einmal anrief, um mich zu fragen, wie es mir gehe, brachte ich kein Wort heraus. Kennst du das Gefühl, wenn einem eine Situation die Kehle zuschnürt? Aber sie war am Telefon, und ich musste irgendeinen Ton von mir geben. Dann passierte es, ich brüllte laut in den Hörer, dass ich auf diese Frage jetzt nicht antworten könne, und legte auf. Wir waren wohl beide gleichermaßen erschrocken von meinem unkontrollierten Gefühlsausbruch. Ich heulte mir wahrhaftig die Augen aus dem Kopf und schämte mich für diese egoistische Reaktion. Mir tat das so enorm leid, aber ich fand weder die Kraft noch den Mut, sie erneut anzurufen um mich bei ihr zu entschuldigen. Dabei hätte ich sie fragen sollen, wie es ihr und dem Baby gehe. Ich bin sehr froh darüber, dass sie und viele andere mir mein Verhalten nicht nachgetragen haben. Auch Freunde, die ich zu dieser Zeit völlig ignorierte. Man kämpft ja innerlich mit sich selbst. Mit Tränen. Mit Angst. Mit Hoffnung. Mit Wut und Machtlosigkeit. Ich bat meine Familie also darum, mich zukünftig nicht mehr danach zu fragen, wie es mir gehe oder ob ich nach einem Transfer schon etwas fühlte, sondern mich selbst entscheiden zu lassen, wann ich darüber reden wollte. Anfangs reagierte meine Mama sehr enttäuscht und vielleicht sogar etwas erbost darüber, aber das pendelte sich zum Glück schnell wieder ein. Ich weiß also nicht, ob ich dir dazu raten soll, offen mit Freunden und Familie zu reden oder lieber zu schweigen. Das muss wohl jeder mit sich selbst ausmachen. Nicht jede Familie ist gleich, und auch der ein oder andere Freund ist verständnisvoller als der andere. Wenn du offen über das Thema sprichst, musst du in jedem Fall mit neugierigen Fragen, Meinungen und auch mit Kritik rechnen. Auch das kann sehr belastend sein, vor allem, wenn du selbst noch sehr verunsichert bist. Während sich der eine Freund vielleicht bald nicht mehr traut, sich nach deinem Wohlergehen zu erkundigen, weil er einfach nicht weiß, wie er dir am besten begegnen soll, wird der andere um so neugieriger sein. Hier kann ich dir nur empfehlen, tu das, womit du und dein Partner euch ganz persönlich am besten fühlen. Es geht hier nur um euch, um eure Entscheidungen, um eure gemeinsame Zukunft.

Trotz des offenen Umgangs mit dem Thema fehlte mir ein richtiger Gesprächspartner auf dem Gebiet. Jemand, der sich mit Kinderwunschbehandlung auskannte und meine Gefühle und Emotionen nachvollziehen konnte. Jemand, der mit den Klinikabläufen vertraut war oder sogar alles schon einmal durchlebt hatte. Aus dem Grund meldete ich mich in einem der zahlreichen Internetforen an, in dem sich Frauen austauschen konnten, denen es genauso oder ähnlich ging wie mir. Meist war ich nur stille Mitleserin. Manchmal stellte ich meine Fragen und bekam zahlreiche Antworten von Frauen, die schon ein ganzes Stück weiter waren als ich. Die Gespräche und der Erfahrungsaustausch halfen mir wirklich sehr. Vor allem half es mir, zu wissen, dass ich nicht alleine war. Ganz im Gegenteil. Es kämpften so enorm viele tapfere Frauen um ihr Glück! Ja, es gab hier sogar einige, denen es viel schlechter ging als mir. Paare, deren Kinderwunschbehandlung erfolglos geblieben war, die schweren Herzens aufgegeben hatten und ihr Leben ohne gemeinsame Kinder weiterplanen mussten. Paare, die auf Eizell- oder Samenspender angewiesen waren. Ja, auch Paare, die sich mit dem Thema Adoption auseinandersetzen mussten. Ich musste erkennen, wie gut es mir eigentlich ging, obwohl auch meine Situation zunächst ausweglos zu sein schien. In meinen schwachen Momenten wurde ich binnen Sekunden von aufbauenden Nachrichten aufgefangen. Zuspruch und Hoffnung standen hier an höchster Stelle. Allerdings lief man auch leicht Gefahr, sich in der dort dominierenden Hoffnung zu verlieren. Nach einem negativen Schwangerschaftstest galt immer nur der starre Blick auf den nächsten Behandlungsversuch. An Aufgeben war für die meisten nicht zu denken. Auch macht jeder Mensch ja ganz unterschiedliche Erfahrungen in einer Kinderwunschklinik. Im Falle eines positiven Schwangerschaftstests wird der eigene Erfolgsweg gerne als der heilige Gral beworben. Der ist aber nicht immer auf andere Fälle übertragbar. Ein wichtiger Rat lautet deshalb: Vertraue deiner Kinderwunschklinik. Sie verfügt über weitaus mehr Kompetenz als jeder Kinderwunschpatient, der aufgrund seiner persönlichen Erfahrung oder gar nur Meinung heraus argumentiert. Es hat einen guten Grund, weshalb deine Behandlungsmetode und Medikamente entsprechend für dich ausgewählt wurden. Sie passen zu deinen Werten, zur positiven Erfolgsstatistik der Klinik und zu deinem persönlichen Ziel. Das heißt natürlich nicht, dass du die Entscheidungen deines Arztes nicht hinterfragen solltest. Aber die meisten Ärzte in der Reproduktionsmedizin sind ohnehin sehr aufgeschlossen und stehen auch neuen Ideen und Ergänzungsangeboten sehr offen gegenüber. Wenn man sich all das vor Augen hält, kann ein Internetforum eine echte Wohltat sein. Es hilft einem ein bisschen aus der Einsamkeit heraus, da man hier Gesprächspartner hat, denen es genauso geht wie einem selbst.

∞

Da ich Endometriose habe und zu Zystenbildung neige, wollte ich nach der Operation nicht mehr allzu viel Zeit verstreichen lassen. Also nahm ich all meinen Mut zusammen und vereinbarte einen ersten Beratungstermin im Kinderwunschzentrum. Wir bekamen ihn bereits nach sechs Wochen, dazu reichte man uns ein paar Fragebögen. Nun sollte es also wirklich losgehen. Ich war unheimlich aufgeregt und voller Energie und Tatendrang. Ich konnte es kaum erwarten, endlich schwanger zu werden. Matthias war das Thema eher suspekt. Er wäre wohl am liebsten davongelaufen und fühlte sich von meiner Euphorie völlig überrannt. Für mich konnte es gar nicht schnell genug gehen. Ich wollte meinem Ziel endlich ein Stück näherkommen. Bei unserem ersten Beratungstermin im Kinderwunschzentrum wurden wir sehr ausführlich über die möglichen Behandlungswege aufgeklärt. Auch Matthias wurde vollständig untersucht. Seine Zeugungsfähigkeit war laut Spermiogramm zwar nur leicht eingeschränkt, dennoch riet man uns direkt zu einer ICSI-Behandlung. Das bedeutet, dass das Labor ein ausgewähltes Spermium direkt in die Eizelle injiziert. Sie wollten kein unnötiges Risiko eingehen. Das sahen wir ein und stimmten dem Verfahren zu. Jetzt begannen aber die ersten Probleme. Matthias war zwar privat versichert, aber eine künstliche Befruchtung war bei seinem viele Jahre zurückliegenden Vertragsabschluss nicht berücksichtigt worden. Wer rechnet in jungen Jahren auch schon damit, dass er in Zukunft auf natürlichem Weg keine Kinder bekommen kann. Ich war freiwillig gesetzlich versichert, und so übernahm meine Krankenkasse maximal fünfzig Prozent der Behandlungskosten, da ich die Verursacherin der Kinderlosigkeit war. Die Verursacherin! Was für eine tolle Bezeichnung. Und wieder fühlte ich mich angeklagt. Wären Matthias und ich in der gleichen Krankenkasse gesetzlich versichert gewesen, hätten sie die Kosten zu einhundert Prozent übernommen. So aber blieben wir dankbar für die hälftige Übernahme der Kosten und genossen damit schon einen Luxus, der anderen Paaren verwehrt blieb. Viele sind bei den Kosten komplett auf sich alleine gestellt, und pro Kinderwunschbehandlung kommen schon einmal locker 5.000 bis 8.000 Euro zusammen. Dann kam bereits das nächste große Aber. Die Krankenkasse wollte uns finanziell nur dann unterstützen, wenn wir verheiratet seien und mein Partner nicht älter als neunundvierzig Jahre alt sei. Na wunderbar. Damit saß uns dann auch noch der zeitliche Druck im Nacken, denn Matthias würde in etwa einem Jahr fünfzig Jahre alt sein, und unser Hochzeitstermin war erst in acht Monaten geplant. So hatten wir denn auch zu Hause die ersten ernsthaften Diskussionen, denn unser Leben richtete sich plötzlich komplett nach dem Kinderwunsch, und das hatten wir zu Beginn tunlichst vermeiden wollen.

∞

Nach langen Überlegungen und zahlreichen Gesprächen entschieden wir uns letzten Endes doch dazu, die Hochzeit vorzuziehen. Aus einer fest geplanten Sommerhochzeit sollte nun eine spontane Winterhochzeit werden. Immerhin stand es bereits fest, dass wir heiraten würden, also sollte der Termin nicht das Problem sein. Ich kann dir aber verraten, dass dieser Schritt uns keineswegs leichtfiel, und bis wir den Entschluss gefasst hatten, gab es reichlich Tränen und Diskussionen. Eigentlich sollte eine Hochzeit romantisch sein. Der schönste Tag im Leben. Jetzt wurde sie für uns, genau wie die Familienplanung, zu einem Pflichttermin. Wir hatten also sechs Wochen Zeit, unsere Hochzeit zu planen. Froh waren wir über das Verständnis unserer Freunde und Familien, die tatsächlich fast alle für den neuen Termin zugesagt hatten. Auch das bereits gebuchte Weingut spielte mit und verschob extra ihre Firmenweihnachtsfeier für unseren großen Tag. Natürlich wurden wir von vielen Freunden gefragt, ob wir die Hochzeit vorzögen, weil ich schwanger sei. Wie sehr hätte ich mir gewünscht, dass das der Grund gewesen wäre! Wie bereits erwähnt, hatten wir es offen mit unserem Kinderwunsch begründet. Sechs Wochen später sagten wir Ja zueinander und feierten eine wunderschöne Hochzeit in dem schlossähnlichen Weingut mit fantastischem Ausblick über die zahlreichen Weinberge bis hin zu unserem Wohnort. Ich trug ein traumhaftes Kleid mit viel Tüll und Glitzer und fühlte mich wie eine echte Prinzessin. Dieser wundervolle Tag im Kreis unserer engsten Freunde und Familien wird uns noch ewig in glücklicher Erinnerung bleiben. Es war trotz der Umstände der schönste Tag in unserem Leben.

DER
BEHANDLUNGSPLAN

„Ich hätte mich nie im Leben dazu
überwinden können, mir selbst eine Nadel in meinen
Bauch zu stechen."

Jetzt, da wir verheiratet waren, genehmigte uns die Krankenkasse insgesamt drei Versuche für die Kinderwunschbehandlung. Übernommen wurde somit die Hälfte der Kosten für drei Transfers, denen eine Stimulation der Eierstöcke und eine operative Entnahme der Eizellen vorausgegangen war. Versuche mit kryokonservierten, also eingefrorenen Embryonen gehörten jedoch nicht dazu. Da wir ohnehin erst ganz am Anfang unserer Behandlung standen, störte uns das auch nicht. Mittlerweile stand auch der Behandlungsplan für unseren ersten ICSI-Versuch fest. Auf unsere Bitte hin wurde der Antrag von der Krankenkasse wirklich sehr schnell bearbeitet. Die Medikamente und das Zubehör für die Spritzen lagen zu Hause bereits auf dem Tisch. Mit der nächsten Periodenblutung sollte es also wirklich losgehen. Ich war sehr nervös und konnte es kaum erwarten. Am zweiten Zyklustag durfte Matthias mir die erste Spritze setzen. Zumindest dieser Teil der Behandlung bereitete sogar ihm etwas Freude. Beim Setzen der Spritzen war er ganz in seinem Element, und die Tatsache, dass ich ängstlich und blass vor ihm saß, ließ Raum für unseren partnerschaftlichen Humor. Ich war froh, dass er diese Aufgabe übernahm, denn ich hätte mich nie im Leben dazu überwinden können, mir selbst eine Nadel in meinen Bauch zu stechen. Zumindest zu Beginn der Behandlung noch nicht. Später konnte ich darüber nur noch schmunzeln, denn auch eine Kinderwunschbehandlung brachte eine gewisse Routine mit sich. Die Nadeln des Pens waren sehr dünn und beim Einstechen kaum zu spüren. Der Wirkstoff in den Spritzen sollte meine Eierstöcke stimulieren, damit gleich mehrere Eizellen auf einmal heranreiften. Ich stimulierte mit Puregon und sollte mir täglich 142,5 Einheiten verabreichen. Beim ersten Ultraschalltermin zeigte sich meine Ärztin sehr zufrieden. Ganze vierzehn Eizellen waren schon zu zählen. Meine Augen leuchteten, ich war überglücklich über diese große Ausbeute. Gerade weil ich im Internet schon viel darüber gelesen hatte, dass manche Patientinnen bereits froh über zwei oder drei Eizellen waren. Damit hatte ich wohl den Jackpot. Anschließend sollte ich damit beginnen, mir zusätzlich das Medikament Orgalutran zu spritzen, um den Eisprung zu unterdrücken. Oder soll ich besser sagen Eisprünge? Diese Spritzen hatten sehr dicke und stumpfe Nadeln und taten mir beim Einstechen sehr weh. Auch hier musste Matthias wieder ran. Nach der Injektion brannte diese gemeine Lösung noch mehrere Minuten unter meiner Haut. Ich war sehr froh, als ich dieses Zeug nicht mehr spritzen musste. Nach einer weiteren Kontrolle per Ultraschall gab es bereits den Termin für die Punktion und den Zeitpunkt für die Spritze, die den Eisprung nach exakt sechsunddreißig Stunden auslösen würde. Das war vorerst meine letzte Spritze. Mein Bauch war ohnehin schon grün und blau vor lauter Einstichen, und mittlerweile zog es auch leicht in meinen Eierstöcken. Ich fühlte mich aufgebläht wie ein Ballon. Nach der eisprungauslösenden Spritze hatte ich große Angst vor einem vorzeitigen Eisprung. Bereits durch die Stimulation der Eierstöcke wurde ein feuchter Ausfluss zu meinem festen Begleiter, und kombiniert mit dem verräterischen Ziehen in den Eierstöcken fühlte sich das an, als hätte ich bereits meinen Eisprung. Als dann vor der Eizellentnahme noch meine Brüste wehtaten, dachte ich schon, jetzt ist es passiert. Jetzt sind alle Eier weg. Auch die Internetsuchmaschine bestätigte mir, es sei gar nicht ausgeschlossen, dass es während solch einer Behandlung auch zu einem vorzeitigen Eisprung kommen könne. Dann wäre alles umsonst gewesen: die Stimulation, die Punktion und auch die bisherigen Behandlungskosten. Natürlich passiert so etwas in der Praxis wirklich extrem selten, aber die Information hatte gereicht, um mich völlig in Panik zu versetzen. Das ist jedoch absolut unnötig und überflüssig.

DIE PUNKTION

„Da saß ich nun allein auf meinem Bett und wartete auf das, was mir bevorstand."

Die Punktion stand kurz bevor. Sowohl Matthias als auch ich waren sehr nervös. Nach der Bauchspiegelung wusste ich bereits, dass die Vollnarkose nicht schlimm sein würde. Trotzdem war der ganze Ablauf sehr befremdlich für mich, denn ich wusste einfach nie, was im nächsten Moment passieren würde. Wir wurden von einem Raum in den nächsten geschickt, ohne zu wissen, was sich dahinter befand. Im Operationsbereich der Kinderwunschklinik war die Stimmung glücklicherweise sehr ruhig und familiär, was uns bei aller Aufregung zumindest etwas entspannte. Zunächst musste Matthias seine Spermien abgeben. Das war mir persönlich sehr unangenehm, weil ich mir vorstellen konnte, dass es auch für einen Mann kein Traum war, in einem sterilen Klinikzimmer mit Sex-TV und erotischem Zeitungsmaterial zu masturbieren. Wenn ein einzelner Herr im vollen Wartezimmer dazu aufgefordert wurde, einem Labormitarbeiter mit Röhrchen in der Hand zu folgen, wusste auch der Letzte im Raum, wohin die Reise ging. Ich war stolz, dass Matthias zumindest den Eindruck hinterließ, es mache ihm nichts aus. Während er anschließend noch kurz im Wartezimmer Platz nahm, wurde ich schon in mein eigenes kleines Einbettzimmer gebracht. Zimmer ist übertrieben, es glich eher einer kleinen Kabine, aber es war ein privater Raum mit einem Bett, einen Hocker und einen Schrank für meine Kleidung. Dort durfte ich mir ein langes T-Shirt und ein paar warme Söckchen anziehen, die ich selbst mitbringen sollte. Da saß ich nun allein auf meinem Bett und wartete auf das, was mir bevorstand. Nervös schaukelte ich mit meinen Beinen hin und her. Im Hintergrund war schon das bekannte rhythmische Piepen des Pulsmessgeräts aus dem Operationssaal zu hören. Eine andere Patientin lag also gerade in Narkose. Kurze Zeit später öffnete sich auch schon die Tür, und der Narkosearzt trat herein, um mir den Zugang für das Narkosemittel zu legen. Ich trank noch einen Saft, wovon ich bis heute nicht weiß, wofür der eigentlich gut war, und dann wurde ich auch schon in den Operationssaal gebeten. Auf meinen rosa-grau gepunkteten Söckchen lief ich selbst dorthin und war überrascht, dort nur einen Gynäkologen-Stuhl vorzufinden. Der OP sah aus wie der Behandlungsraum in einer gängigen Gynäkologen-Praxis. Das war mir nicht fremd, und so nahm ich direkt auf dem netten Stühlchen Platz. Das Licht war gedämpft, es lief lockere Radiomusik im Hintergrund, und alle waren ganz lieb und fröhlich. Eine sehr angenehme Stimmung. Mir wurde ein Kissen unter den Kopf gelegt, und meine Scheide wurde abgedeckt, damit ich nicht so entblößt dort liegen musste. Dann saß auch schon der Arzt vor mir, und ehe er aussprach, dass es jetzt losgehe, wünschte mir der Anästhesist eine gute Nacht. Es dauerte keine drei Sekunden, und ich war weg. Nur zehn Minuten später war auch schon alles vorbei. Von da an habe ich nur noch sehr wenig Erinnerungen, da die Narkose noch eine gute Wirkung zeigte. Man bat mich, aufzustehen und in mein Bett zu wechseln, das man mir neben den Gynäkologenstuhl geschoben hatte. Irgendwie war mir das wohl auch selbstständig gelungen, frag mich aber bitte nicht wie. Später hatte ich nahezu keine Erinnerungen mehr daran. Anschließend wurde ich zurück in mein kleines Zimmer geschoben, wo bereits Matthias auf mich wartete. Er saß auf dem Höckerchen neben meinem Bett. Die ersten Minuten war ich noch sehr müde und fühlte mich schwach und schwindelig. Matthias war gerade schon dabei, meinen benebelten Auftritt fotografisch einzufangen. Es war sein persönliches Beweismittel, um mir vor Augen zu führen, wie fürchterlich ich ausgesehen hatte. Auch musste er meine Familie davon in Kenntnis setzen, dass ich den kleinen Eingriff gut überstanden hatte. Zum Glück besserte sich mein Zustand von Minute zu Minute. Nach etwa einer halben Stunde war ich wieder fit, hatte etwas gegessen und getrunken, durfte mich anziehen und noch einmal zum Gespräch mit dem Arzt ins Besprechungszimmer wechseln. Der teilte uns zufrieden mit, dass er alle vierzehn Eizellen punktiert hatte. Wow. Ich war ganz sprachlos, und Matthias verlor die Gesichtsfarbe. Noch heute würde das Labor versuchen, die Eizellen mit je einem Spermium zu befruchten. Morgen würden wir dann telefonisch erfahren, wie viele kleine Embryonen wir hatten. Darüber hinaus bat mich der Arzt darum, jetzt sehr viel zu trinken und viel Eiweiß zu mir nehmen, um eine mögliche Überstimulation der Eierstöcke zu vermeiden. Was genau das war und wie es sich bemerkbar machte, wurde mir jedoch nicht erklärt, und ich war auch viel zu aufgeregt, um nachzufragen. Weiterhin hieß es, kein Sport, kein Sex und kein schweres Heben. Auch wenn Matthias sicher nichts dagegen gehabt hätte, nach Sex war mir nach dem Eingriff am wenigsten zumute. Zu Hause angekommen, machte ich es mir zunächst einmal auf unserem Sofa gemütlich. Dazu gab es noch eine große Tasse Kräutertee, und kurz darauf war ich auch schon eingeschlafen. Der aufregende Eingriff hatte mir dann doch ganz schön zugesetzt. Im Tagesverlauf machte sich dann ein unangenehm drückendes Gefühl in der Eierstockgegend breit. Am Abend wollten wir noch ein wenig an der frischen Luft spazieren gehen, jedoch schmerzte mein Unterleib bei jedem Schritt so sehr, dass wir bereits nach kurzer Zeit wieder umkehren mussten. Jeder Gang zur Toilette wurde zur Qual, denn beim Wasserlassen stach und piekte es fürchterlich in der Blasengegend. Das Gefühl ähnelte dem bei einer schmerzhaften Blaseninfektion. Das viele Trinken bedeutete aber leider auch, viel zur Toilette zu müssen. Das wiederum bedeutete Schmerzen, und die wollte ich möglichst vermeiden. Ein unglücklicher Kreislauf. Ich gab mich geschlagen, griff zu schmerzlindernden Medikamenten und trank mehrere große Eiweiß-Shakes, die ich noch von meinem regelmäßigen Training im Fitnessstudio im Schrank stehen hatte. Mein Bauch wölbte sich, als wäre ich bereits im vierten Monat schwanger. Matthias konnte kaum mit ansehen, wie ich mich quälte. Nicht einmal richtig aufrecht zur Toilette laufen konnte ich mehr. Wir waren uns nicht sicher, ob das alles normal war oder ob hier nicht schon eine so genannte Überstimulation vorlag. Man hatte uns eine Notfallrufnummer mitgegeben, unter der wir bei Problemen anrufen sollten, aber war das überhaupt ein Notfall? Immerhin wollte ich nicht zu den Patientinnen gehören, die ihrer Kinderwunschklinik wegen jeder Kleinigkeit auf die Nerven gingen. Die Mitarbeiter und Ärzte hatten auch ohne mich schon genug zu tun. Also riss ich mich zusammen, legte mich schlafen und hoffte auf eine Besserung am kommenden Tag.

PU + 1

TAG EINS
NACH DER PUNKTION

„Ich hätte lieber zwei Kinder als keins gehabt.“

Am nächsten Morgen fühlte ich mich schon deutlich besser. Zum Frühstück gönnte ich mir wieder einen fetten Eiweiß-Shake, eine große Tasse Tee, und anschließend ging es ohne Umwege auf die Couch. Jetzt fieberte ich dem Anruf der Kinderwunschklinik entgegen. Heute sollten wir vom Labor erfahren, wie viele der Eizellen sich hatten befruchten lassen. Damit musste auch entschieden werden, wie viele befruchtete Eizellen wir zurücknehmen wollten, also wie viele wieder in die Gebärmutter eingesetzt werden sollten. In Deutschland sind bis zu drei erlaubt. Damit begannen auch in unserem Haus die nächsten spannenden Debatten. Für Matthias war von Beginn an klar, er möchte maximal ein Kind bekommen. Im Grunde sah ich das genauso. Allerdings hätte ich lieber zwei Kinder als keins gehabt. Meine Toleranzgrenze war hier definitiv größer als seine. Während Matthias darauf bestand, dass ich maximal eine befruchtete Eizelle zurücknahm, hätte ich am liebsten alle drei genommen, um die Chance auf eine Schwangerschaft zu erhöhen. Allerdings würde sich dadurch auch das Risiko einer Mehrlingsschwangerschaft erhöhen, denn abgesehen davon, dass sich alle eingesetzten Eizellen einnisten können, wäre jede einzelne Eizelle auch noch mal dazu in der Lage, sich zu teilen. Matthias hatte hierzu bereits das perfekte Horrorszenario im Kopf. Vielleicht würden es Drillinge oder Vierlinge, und dann würde der Platz in unserem Haus nicht mehr reichen. Wir bräuchten einen Mehrlingskinderwagen, der einen ganzen Gehweg einnehmen würde. Während wir dabei wären, ein Kind satt zu bekommen, würden die anderen um ihr Leben schreien. Und wie sollten wir zukünftig Urlaub machen? Meine Gedanken sahen dagegen ganz anders aus: zwei glücklich spielende Kinder in unserem großen Garten, den wir mit einem tollen Spielhaus ausstatten konnten. Da die Klinik uns, ihrem Standard gemäß, zum Transfer von zwei Eizellen geraten hatte, kullerten bei mir auch hier wieder zahlreiche Tränen. Ich wünschte mir doch nichts weiter, als dass die ohnehin sehr anstrengende Behandlung auch nur den Hauch einer Chance auf Erfolg hatte. Im Internet studierte ich alle veröffentlichten Statistiken im IVF-Register (= In-vitro-Fertilisation) und legte sie auch Matthias vor, in der Hoffnung, ich könnte ihn überzeugen. Doch mit jedem weiteren transferierten Embryo erhöhte sich eben nicht nur die Aussicht auf Erfolg, sondern auch prozentual das Mehrlingsrisiko. Es war somit unmöglich, Matthias von seiner Meinung abzubringen. Eins oder keins. Ende der Diskussion. Hier widersetzte er sich sogar der Empfehlung unserer Ärztin, die uns darum bat, noch einmal in Ruhe darüber nachzudenken. Aber an seiner Entscheidung war nichts mehr zu rütteln. Da keins auch keine Lösung war, musste ich mich geschlagen geben, und willigte notgedrungen ein, etwas anderes blieb mir auch nicht übrig. Also redete ich mir selbst ein, dass das eine gute Entscheidung sei. Immerhin wollte ich auch hinter der Entscheidung meines Mannes stehen, auch wenn mir das in diesem Fall wirklich sehr schwerfiel. Dafür bestand ich auf die Durchführung der Blastozystenkultur. Wenn schon nur ein Embryo zurück in die Gebärmutter gesetzt werden würde, dann sollte es wenigstens der Beste sein. Bei der Blastozystenkultur werden die befruchteten Eizellen zwei Tage länger als üblich im Labor beobachtet, bis sie sich hoffentlich erfolgreich zur Blastozyste entwickelt haben. Beim Transfer wird die Beste zurück in die Gebärmutter gesetzt. Unsere Chance auf eine erfolgreiche Schwangerschaft sollte sich dadurch statistisch gesehen noch einmal erhöhen. Trotz der Mehrkosten, die wir privat tragen mussten, erklärte sich Matthias mit dieser Vorgehensweise einverstanden. Über die tiefergehenden Behandlungsmöglichkeiten hatte er ohnehin keine Kenntnis, und er verließ sich völlig auf meine fachkundigen Recherchen, solange es nur beim Transfer eines Embryos blieb. Die restlichen Embryonen sollten kryokonserviert, also eingefroren werden. Aber auch diese Entscheidung hatten wir uns nicht leicht gemacht. Aus der IVF-Statistik ging eindeutig hervor, dass Transfers mit kryokonservierten Embryonen etwas weniger erfolgreich waren als jene mit frischen. Auch überleben nicht immer alle Embryonen das Auftauen. Wollten wir uns die ohnehin schon sehr geringen Chancen damit noch einmal verringern? Darüber hinaus war die Kryokonservierung finanziell ein reines Privatvergnügen, auch der gesamte Transfer und die dazugehörigen Medikamente mussten von uns selbst getragen werden. Mittlerweile wussten wir aber auch, was so eine vollwertige Behandlung mit Stimulation der Eierstöcke für meinen Körper bedeutete, und auch eine Operation unter Vollnarkose war kein Spaziergang. Damit war die Entscheidung dann auch gefallen. Wir wollten meinem Körper die Strapazen, so gut es ging, ersparen. Außerdem tat es uns in der Seele weh, die restlichen Embryonen einfach so zu verwerfen. Irgendwie waren es doch schon viele kleine Babys, die darauf warteten, leben zu dürfen. Dann klingelte auch endlich das Telefon. Aus dem Labor teilte man uns freudig mit, dass sich insgesamt sieben Eizellen haben erfolgreich befruchten lassen. Die restlichen Eizellen waren noch nicht reif genug. Vier Embryonen würden sie in die verlängerte Blastozystenkultur schicken. Die restlichen drei würden eingefroren. Überglücklich mit dem Ergebnis widmete ich mich wieder meiner Lieblingsbeschäftigung. Trinken, Toilette, Trinken. Ich hatte immer noch recht ordentliche Schmerzen im Unterleib, konnte sie heute aber ohne weitere Einnahme von Schmerzmittel gut aushalten. Erst am Abend blähte sich der Bauch wieder auf, und die Schmerzen wurden intensiver.

PU + 2

TAG ZWEI
NACH DER PUNKTION

„Ob sie sich auch fleißig teilten?
Heute müssten es bereits Vierzeller sein."

Am nächsten Morgen spürte ich noch immer Druck auf den Eierstöcken. Er war aber nicht mehr so intensiv wie die Tage zuvor. Die empfohlene Menge von drei bis vier Litern Wasser oder Tee am Tag pumpte ich weiterhin hemmungslos in mich hinein. Mit dem Resultat, dass ich mittlerweile mehr Zeit auf der Toilette verbrachte als irgendwo anders. Sobald die Blase gefüllt war, drückte sie auch wieder schmerzhaft auf die Eierstöcke. Auch der stechende und brennende Schmerz beim Wasserlassen war immer noch da. Aber ansonsten fühlte ich mich körperlich und geistig wieder fit und ging somit auch wieder den ersten Tag zurück in mein Büro. Dort sammelte sich bereits die Arbeit auf meinem Schreibtisch. Da ich mittlerweile selbstständig in meiner eigenen Firma arbeite, hatte ich das Glück, mir meine Zeit selbst einteilen zu können. Auch konnte ich einige Arbeiten bequem von zu Hause aus erledigen, und das vereinfachte die Sache ungemein. Meine Kunden bemerkten so nicht, dass ich zurzeit eigentlich ganz andere Dinge im Kopf hatte. An Tagen, an denen es mir nicht ganz so gut ging, beantwortete ich nur schnell alle E-Mails und Anfragen und zog mich dann wieder entspannt zurück. Anders hätte ich es nach der Punktion körperlich auch gar nicht geschafft. Frauen, die körperlich anspruchsvollen Tätigkeiten nachgehen oder täglich stressigen Büroatmosphären ausgeliefert sind, haben es hier beson-

ders schwer. Vor allem solche im festen Anstellungs-
verhältnis. Nicht jede möchte ihrem Chef von ihrer
Kinderwunschbehandlung erzählen. So eine Information bedeutet für den Arbeitgeber zunächst einmal, dass Arbeitnehmer während der Schwangerschaft und der Elternzeit ausfallen könnten. Allein
das sorgt in den meisten Fällen bereits für schlechte
Stimmung im Betrieb, und die kann man in so einer
besonderen Situation wohl am allerwenigsten gebrauchen. Es beginnt ja bereits damit, dass man sich
für den Tag der Punktion beim Arbeitgeber entschuldigen muss. Im besten Fall kann sich jemand auch
kurzfristig mal für einen Tag freinehmen. Im
schlechtesten Fall muss man sich ganz offiziell krank-
melden. Viele greifen hier sogar auf Notlügen zurück
oder lassen sich über den Hausarzt eine allgemeine
Arbeitsunfähigkeitsbescheinigung ausstellen. Für ge-
wöhnlich kann man einen Tag nach der Punktion
wieder ganz normal zur Arbeit gehen. Kommt dann
aber noch eine schmerzhafte Überstimulation hinzu,
ist der Schlamassel schnell da. Immer wieder wurde
im Forum die Frage gestellt, ob man seinem Arbeitgeber die Wahrheit sagen soll oder wie man sich
alternativ für sein Fehlen entschuldigen kann, ohne
dass das Kinderwunschzentrum thematisiert werden
muss. Den meisten war es sehr unangenehm, lügen
zu müssen, gerade wenn das Verhältnis sonst sehr
vertrauensvoll war. Hier bin ich wirklich unbe-

schreiblich dankbar dafür, meine tägliche Arbeit selbst koordinieren zu können. Das allein nahm mir während der Kinderwunschbehandlung eine große Last von meinen Schultern.

$$\infty$$

Ich dachte oft darüber nach, was wohl meine Reagenzglas-Babys machten. Ob sie sich alle noch fleißig teilten? Heute müssten es bereits Vierzeller sein. Es waren noch lange drei Tage bis zum Transfer. Ich freute mich riesig darauf. Im Forum hatte ich zwischenzeitlich wieder eine interessante Erfahrung gemacht. Es ging um die Frage, ob man ein Kind abtreiben würde, wenn man im Vorfeld wüsste, dass es mit einer schweren Behinderung oder Krankheit zur Welt kommen würde. Die Frage ist wirklich hochinteressant, und ich bin noch heute davon überzeugt, dass es hier überhaupt kein Richtig und kein Falsch gibt. Jemand, der sich nach reichlicher Überlegung gegen ein Kind entscheidet, muss in meinen Augen genauso stark sein wie jemand, der sich für die besondere Erziehung eines kranken Kindes entscheidet. Ganz gleich wie die Entscheidung ausfällt, man muss sein Leben damit verbringen. Eine Schreiberin im Forum befand sich in genau dieser Situation und hatte dort laut über eine

Abtreibung nachgedacht. In ihrer Verzweiflung suchte sie Halt und Stärkung. Du kannst dir in etwa vorstellen, was daraufhin passiert war. Sie wurde mit sehr direkten Worten und zahlreichen Emojis förmlich gesteinigt. Immer wieder fiel das Argument, eine Abtreibung sei gegen die Natur. Sie sollte gefälligst dankbar sein und sich ihrer Verantwortung stellen, die sie jetzt nun mal habe. Damit machte sich auch ein unüberwindbares Gefühl in mir breit, diese Person beschützen zu wollen. Ich persönlich empfand es sogar als äußerst mutig, dass sie ihre Gedanken so offen und ehrlich mit uns teilte. Durfte sie dafür auf eine so herablassende Art beschimpft werden? Ging es ihr mit dieser Entscheidung nicht schon schlecht genug? Über Entscheidungen lässt sich im Leben immer leichter urteilen, wenn sie einen selbst nicht betreffen. Also stellte ich laut die Frage, was die Reproduktionsmedizin denn mit der Natur zu tun habe? Richtig. Überhaupt gar nichts. Wenn es diese absolut unnatürliche Hilfe aus dem Reagenzglas nicht gäbe, dann gäbe es zahlreiche Kinder überhaupt nicht. Dann hätte man Matthias und mir damals im Krankenhaus einfach nur mitgeteilt, dass wir nie ein gemeinsames Kind bekommen würden. Und auch vielen anderen wäre diese große Chance verwehrt geblieben. Mit dieser Aussage war das Chaos perfekt, und alle beschimpften sich gegenseitig. Das war der richtige Zeitpunkt, um sich aus dieser Diskussionsrunde zurückzuziehen. Ein Forum kann einem wirklich dabei helfen, sich nicht alleine zu fühlen. Man kann sich austauschen und Fragen zum Ablauf der Kinderwunschbehandlung stellen. Die Mädels sind immer mit einem offenen Ohr dabei. Aber wehe, man greift ein heikles Thema auf: Dann gibt es bei den Meinungsäußerungen schnell nur noch schwarz oder weiß. Bleib mit deinen Gedanken also immer regenbogenbunt. Es ist dein Leben, und ich kann dir versichern, deine Entscheidungen werden am Ende die richtigen sein, ungeachtet dessen, was andere sich für eine Meinung darüber bilden. Niemand geht den Weg eines anderen, und somit steht es auch niemanden zu, seine persönliche Einstellung auf den Rest der Welt zu übertragen.

∞

Gegen Abend blähte sich mein Bauch wieder auf. Mittlerweile hatte sich auch hier ein kleiner Kreislauf gebildet. Während die Schmerzen am Morgen nahezu verschwunden waren, nahmen sie im Laufe des Tages wieder zu, bis sie am Abend ihren Höhepunkt erreichten. Aber sie waren auszuhalten, und ich benötigte glücklicherweise keine weiteren schmerzlindernden Mittel mehr. Wir genossen die ersten wärmeren Sonnenstrahlen und gingen wieder auf dem Feldweg inmitten der noch recht kahlen Weinreben spazieren. Dabei spekulierten wir gerne über die Zukunft mit unserem Baby. Wir sprachen darüber, wie sich unser Leben verändern würde, uns war aber auch klar, dass eine solche Verantwortung auch Einschnitte bedeuten würde. Manchmal überkam mich die Unsicherheit, und ich wusste nicht mehr, ob der ganze Weg so richtig war. Über diese Gefühle sprach ich mit Matthias jedoch nicht. Viel zu groß war die Angst, dass er es sich anders überlegen könnte.

PU + 3

TAG DREI
NACH DER PUNKTION

„Würde sich der kleine Embryo in meinem Bauch nicht jetzt schon wohler fühlen?"

Mein Bauch war zwar immer noch etwas aufgebläht, aber seit heute absolut schmerzfrei. Auf die Eiweiß-Shakes konnte ich zum ersten Mal gänzlich verzichten. Ich achtete natürlich weiterhin darauf, genügend Flüssigkeit zu mir zu nehmen. Auf einen ausgeglichenen Flüssigkeitshaushalt sollte ich auch unabhängig von einer Kinderwunschbehandlung mehr achten. Mein ganz normaler Alltag nahm wieder Fahrt auf. Ich erledigte den Einkauf, arbeitete meine Stunden im Büro, und auch den Haushalt konnte ich wieder eigenständig bewältigen. Damit kehrte auch wieder etwas Normalität in unser Leben zurück. Blieben da nur die Gedanken an meine Babys. Regulär wäre der Transfer heute gewesen, aber wir hatten uns ja für die verlängerte Blastozystenkultur entschieden. Plötzlich war ich mir unsicher, ob das die richtige Entscheidung gewesen war. Würde sich der kleine Embryo in meinem Bauch nicht jetzt schon wohler fühlen? Immerhin wäre das doch die viel natürlichere Umgebung. Aber wie sollte das Labor dann entscheiden können, welcher Embryo am besten geeignet wäre? Am Ende würden wir den Embryo einsetzen, der sich nicht weiterentwickelt, und der, der es tut, den würden wir verwerfen. Und wieder saß ich vor zahlreichen Erfahrungsberichten. Die Frage nach dem besten Zeitpunkt für den Transfer wurde auch im Forum häufig gestellt. Aber es gab nun mal kein Patentrezept dafür. Würde ich zwei

Embryonen zurücknehmen, hätte ich mich nicht für die Blastozystenkultur entschieden. Ich hätte der Natur ihren freien Lauf gelassen. Da es aber nur einen einzigen Embryo gab, um einen Volltreffer zu landen, wollte ich die Chance auf eine erfolgreiche Einnistung erhöhen. Ich kam also zu dem Ergebnis, dass es doch gut so war, wie es war.

$$\infty$$

Am liebsten hätte ich täglich im Labor angerufen, um mich über den Zustand meiner Embryonen zu erkundigen. Beeindruckt war ich über die Tatsache, dass es ja tatsächlich einige Patienten gab, die sich nicht scheuten, das zu tun. Ich hatte das Glück, unserem Labor voll vertrauen zu können, und war mir sicher, dass sie ohne meine Anrufe konzentrierter arbeiten konnten. Also vertrieb ich mir weiterhin die Zeit mit meiner Arbeit. Als Hochzeitsplanerin befand ich mich noch mitten in der Saison und hatte einige Paare zu betreuen. Das sorgte für ausreichend Ablenkung.

PU + 4

TAG VIER
NACH DER PUNKTION

„Immerhin benötigte ich von den vier Embryonen doch nur einen einzigen."

Die Schmerzen waren Geschichte. Lediglich der etwas aufgeblähte Bauch und ein Drücken bei voller Blase erinnerten noch an die Strapazen von der Punktion. Aber das war wirklich nicht mehr der Rede wert. Meine Aufregung stieg ins Unermessliche, denn morgen sollte ich hoffentlich eine wunderschöne Blastozyste transferiert bekommen. Natürlich machte ich mir auch Sorgen darüber, ob die Embryonen die Tage bis zum Transfer überhaupt überleben würden. Meine größte Angst war, dass es bis morgen keiner der Embryonen schaffen würde und damit dann auch kein Transfer stattfinden könnte. Eine echte Horror-vorstellung, die du sicher mit mir teilst oder bald teilen wirst. Vielleicht hast du solch eine schmerzliche Erfahrung sogar schon machen müssen? Ich möchte mir gar nicht ausmalen, wie entsetzlich diese Infor-mation für ein Paar sein muss, wenn es den Anruf erhält, dass keiner der Embryonen überlebt hat. Ich versuchte weiterhin positiv zu bleiben und glaubte fest an meinen Krümel. Immerhin benötigte ich von den vier Embryonen doch nur einen einzigen. Ich fieberte dem morgigen Tag entgegen. Der Tag, der unser Leben verändern könnte. Ich versuchte mich heute noch einmal, so gut es ging, zu entspannen. Wir gingen an der frischen Luft spazieren und stellten fest, dass dies bald der letzte Spaziergang zu zweit sein könnte. Ich kochte etwas Schmackhaftes zu Mittag und gab mich anschließend einem Mittagsschläfchen hin. Arbeiten wollte ich heute nicht. Ich bildete mir ein, dass die Bedingungen für mein Baby besser wären, wenn ich selbst entspannt war. Richtig entspannen ließ mich jedoch allein schon die Aufregung nicht. Trotzdem mein Tipp an dich, gönne dir in jedem Fall noch mal etwas Gutes. Am besten etwas, was du schwanger nicht mehr tun würdest. Zum Beispiel ein genüssliches Glas Wein trinken oder eine intensive Ganzkörpermassage genießen.

$$\infty$$

Jetzt kommen wir zu einer Theorie, die mich zu dieser Zeit wirklich tagelang beschäftigt hatte. Sex vor dem Transfer – ja oder nein? Es ist schon irgendwie lustig, mit welchen Themen und Netzfunden man sich so den lieben langen Tag beschäftigen kann. Zumindest im Nachhinein. Während der Behandlungszeit war die Recherchearbeit für mich von absoluter Wichtigkeit. Ich fand in einer Presseerklärung einer Universität eine wissenschaftliche Theorie, dass das männliche Ejakulat die Einnistung der Embryonen fördern soll. In dem Artikel unterstellte man der Samenflüssigkeit eine aktivere Rolle bei der Entstehung von Schwangerschaften. Leider hatte ich zu dieser Studie keinerlei Forschungsergebnisse gefunden, aber die Tatsache, dass die sogenannte Seminalplasmaspülung mittlerweile auch erfolgreich in Kinderwunschzentren angeboten wurde, ließ vermuten, dass die Theorie richtig war. Da ich jedoch davon überzeugt war, nicht weiter als nötig in die Natur eingreifen zu wollen, blieben wir ganz klassisch beim Sex vor dem Transfer. Und ich war mir auch absolut sicher, Sex würde mich deutlich mehr entspannen als eine romantische Spermienplasmaspülung auf dem Gynäkologenstuhl. Auch gab es mir ein gewisses Gefühl von Normalität zurück. Schließlich waren Kinder ein Ergebnis des Geschlechtsaktes, zumindest bei gesunden Paaren. Natürlich sollte man nicht vergessen, dass nach der Punktion nicht jede Frau frei von Schmerzen und Nachwirkungen ist. Hätten wir uns nicht für die verlängerte Kultur entschieden und der Embryo wäre bereits drei Tage nach der Punktion transferiert worden, hätte ich mir definitiv jeden Annäherungsversuch verboten. Nach der Punktion gibt es sicher einige Damen, denen der Sinn nach allem, aber nicht nach einem netten Schäferstündchen mit ihrem Mann zumute ist. Ich persönlich sage ganz klar Ja zum Sex vor dem Transfer und würde es immer wieder so machen. Für mich brachte es einfach etwas Natürlichkeit in den komplizierten Reproduktionsvorgang.

Abends bekam ich vor Aufregung kaum ein Auge zu und drehte mich von einer Seite zur anderen. Wenn man unbedingt einschlafen möchte, dann will es einfach nicht klappen. Zu laut waren die Gedanken in meinem Kopf, und so schnappte ich mir mein Handy und stöberte noch nach ein paar echten Transfer-Geschichten. Nervös machte mich schließlich nicht nur die Tatsache, dass ich morgen mein zukünftiges Baby eingesetzt bekam, sondern auch die ganze Prozedur des Transfers. In der Kinderwunschklinik wartete wieder ein neuer Raum auf mich. Wieder sollte ein neues gynäkologisches Werkzeug den Weg durch meinen Muttermund finden. Würde der Vorgang schmerzhaft sein oder nicht? Ich wollte zumindest etwas vorbereitet sein.

DER EMBRYO-TRANSFER

„Wir wünschen Ihnen viel Glück"

Allein der Gedanke daran, dass der Embryo durch den Muttermund in die Gebärmutter gesetzt wird, ließ mich zusammenzucken. Sofort musste ich daran denken, wie ich mir vor vielen Jahren einmal die Kupferspirale habe setzen lassen. Die Schmerzen beim Einsetzen waren unerträglich. Nachdem die Spirale dann saß, brach mein kompletter Kreislauf zusammen, und ich verlor sogar kurz das Bewusstsein. So schien mir meine Sorge berechtigt, dass das Einführen des Katheters, durch den der Embryo zurück in die Gebärmutter gesetzt wird, ähnlich schmerzhaft sein würde. Aber ich kann dich hier beruhigen. Der Embryotransfer war eine der angenehmsten Prozeduren während der ganzen Kinderwunschbehandlung. Der Katheter ist so dünn, dass davon beim Einführen in die Gebärmutter rein gar nichts zu spüren ist. Zumindest bei mir war das so. Das größte Problem bereitete mir die bis zum Rand mit Urin gefüllte Blase, unter der der Transfer durchgeführt werden muss. Eine volle Blase ist notwendig, damit die Gebärmutter per Ultraschall über die Bauchdecke gut abgebildet werden kann. Somit kam ich bereits mit einem großen Bedürfnis, zur Toilette zu gehen, in die Kinderwunschklinik. Leider verhinderte auch ein fester Termin zum Transfer nicht die üblichen Wartezeiten, denen man ohnehin oft ausgesetzt war. Am Empfang musste ich mich mehrfach darüber informieren, wie lange es noch dauern würde, da meine Blase gefühlt zu platzen drohte. Die Frage danach, ob ich nicht vorab schon mal ein bisschen Pipi machen wollte, irritierte mich komplett. Forderte diese Frage wirklich eine Antwort? Habt ihr schon mal versucht, drei Liter Wasser zu trinken und anschließend auf der Toilette nur ein bisschen Pipi zu machen? Vielleicht bin ich ja auch nur eine der wenigen, die sich mit solchen Übungen im Alltag noch gar nicht beschäftigt hat. Jedenfalls traute ich mir dieses Kunststück selbst nicht zu und entschied mich sicherheitshalber, weiterhin mit dem schmerzhaften Druck auf der Blase zu warten. Ich kann euch versichern, es war reine Selbstbeherrschung, dass ich zu Beginn der Behandlung nicht unmittelbar auf den Gynäkologen-Stuhl uriniert habe. Dann wurde ich endlich erlöst. Meine Ärztin kam um die Ecke und bat uns direkt ins Behandlungszimmer. Das war übrigens einer der wenigen Termine, bei dem Matthias unbedingt dabei sein wollte. Ich bin mir ja bis heute noch sicher, er wollte lediglich kontrollieren, dass man mir wirklich nur einen Embryo zurückgäbe. Als ich ihm das während der Autofahrt augenzwinkernd vorwarf, grinste er nur. Unsere Ärztin teilte uns zufrieden mit, dass sich zwei von vier Embryonen zu Blastozysten entwickelt hätten. Eine sah bilderbuchmäßig aus, eine hing der Entwicklung etwas hinterher. Sie fragte uns noch einmal, ob sie nicht doch beide Embryonen transferieren solle. Ehrlich gesagt, machte es mich sogar wütend, dass uns diese sensible Frage unmittelbar vor dem Transfer noch einmal gestellt wurde, obwohl diese grundlegenden Behandlungsdetails im Vorfeld schon fest besprochen waren. Diese schwere Entscheidung hatten wir uns ohnehin schon nicht leicht gemacht, in unserem Fall wurde sie ja eigentlich sogar einseitig getroffen. Mein sonst so stiller Ehemann ergriff direkt das Wort und versicherte, dass wir natürlich nur einen Embryo zurücknehmen würden. Was für unsere behandelnde Ärztin ein Grund zum Schmunzeln war, war für mich ein Stich direkt ins Herz, denn insgeheim hätte ich am liebsten beide genommen. Aber es stand fest. Einer oder keiner. Ich saß bereits auf dem Gynäkologenstuhl. Matthias stand direkt hinter mir. Die Assistentin positionierte den Ultraschall auf meiner Bauchdecke, und ich spürte den heftigen Druck auf meiner überfüllten Blase. An der Stelle erwähne ich nochmal meine Selbstbeherrschung. Als die Ärztin so weit war, gab sie das Startsignal an das Labor, und der Embryo wurde vom Laboranten mit einem Katheter aufgezogen. Der Katheter sah aus wie ein langer, dünner Schlauch, an dessen Ende sich eine kleine Spritze befand. Er wurde in die Gebärmutter eingeführt, was wir auf dem Monitor des Ultraschallgeräts live verfolgen konnten. Mit der Spritze wurde der Embryo hineingedrückt. Wir konnten erkennen, wie die Flüssigkeit die Gebärmutter erreichte. Du weißt jetzt genau, das ist dein Baby. Sollte das jetzt der Moment sein, in dem Freudentränen mein Glücksgefühl zum Ausdruck brachten? Meine Gefühlslage schwankte zwischen absolutem Mutterglück und der bitteren Realität. Doch nach außen blieb ich gefasst und sachlich. Zumal der Embryotransfer auch wirklich nicht die romantischste Art war, schwanger zu werden. Abgesehen davon, reagiert in diesem besonderen Moment wohl jede anders. Ich hatte immer Angst, mir zu viele Hoffnungen zu machen, denn klar war, mit einer Wahrscheinlichkeit von sechzig bis siebzig Prozent konnte der Versuch auch scheitern. Andererseits möchte man die Einnistung mit positiver Energie unterstützen und fest an sein kleines Wunder glauben. Matthias ging es ähnlich, er beobachtete alles still aus dem Hintergrund. Wir bekamen noch die Medikamente für die kommenden Tage. Anschließend wurden wir mit den Worten „Wir wünschen Ihnen viel Glück" und einem neuen Termin für den Schwangerschaftstest aus der Klinik entlassen. Damit war es vollbracht, und der erste Gang ging wohin? Natürlich zur Toilette. Die volle Blase hatte ich auch vor lauter Aufregung natürlich nicht vergessen und konnte mich nun endlich erleichtern. Jetzt aber sollte sie erst beginnen, die längste Zeit der ganzen Behandlung.

DIE WARTESCHLEIFE

„Schwanger bis das Gegenteil bewiesen wird."

Ich befand mich also ganz offiziell in der berühmt-berüchtigten Warteschleife. Der kleine Embryo war nun in meinem Bauch. Es war ein unbeschreibliches Glücksgefühl, aber irgendwie auch so unwirklich. Daraus sollte sich jetzt also unser Baby entwickeln. Spüren konnte ich rein gar nichts. Im Unterleib piekte es wieder ein wenig, aber das lag sicher am Transfer mit dem Katheter. Wir fuhren nach Hause. Für Matthias schien alles wie immer, und er sprach mit mir, als ob der Transfer nie stattgefunden habe. Klar, was hätte er auch sagen sollen. Es veränderte sich für ihn ja auch nichts. Ich hingegen konnte nicht mehr aufhören, daran zu denken, und hätte ihm wohl stundenlang davon erzählen können. Aber ich ließ es. Er würde es ja doch nicht verstehen. Jetzt galt es, mich abzulenken. Dafür war mir jeder Versuch recht, den normalen Alltag wieder aufzunehmen, und ich kümmerte mich direkt um das Mittagessen für meine Familie. Anschließend gönnte ich mir einen ruhigen Nachmittag auf unserem Sofa, das mich direkt zu einem kleinen Mittagsschläfchen einlud. Das seit ein paar Tagen zugeführte Progesteron machte mich so unheimlich müde. Ich hätte den lieben langen Tag nur schlafen können. Als ich aufwachte, spürte ich wieder einen Druck auf meinen Eierstöcken, da ich eine gefüllte Blase hatte. Es ähnelte dem Gefühl nach der Punktion, nur nicht ganz so schmerzhaft. Ich wertete es direkt als gutes Zeichen. Rein theoretisch konnte die Einnistung noch am gleichen Tag erfolgen. Am Abend gingen wir spazieren. Die frische Luft sollte mir guttun und eine Portion Bewegung auch. Irgendwo hatte ich mal aufgeschnappt, dass die kleinen Embryonen durch die Bewegung der Gebärmutter hin und her geschaukelt werden und damit noch eine Weile umherschwimmen, bevor sie sich ihren festen Platz zum Einnisten suchen. Wie eine kleine Babywiege. Der Gedanke gefiel mir sehr, weshalb ich unbedingt spazieren gehen wollte. Anschließend fiel ich erschöpft ins Bett. Ab heute war ich irgendwie schon ein bisschen schwanger. Ich legte die Hand auf meinen Bauch und schlief glücklich ein.

PU + 6

TAG SECHS
NACH DER PUNKTION

TF + 1

TAG EINS
NACH DEM TRANSFER

„Ob sich da etwas festgebissen hat?"

Die erste Nacht mit meinem Krümel im Bauch schlief ich sehr unruhig. Ständig drückte meine Blase auf die wieder schmerzenden Eierstöcke. Nach dem Gang zur Toilette konnte ich nicht wieder einschlafen. Zu viele Gedanken waren in meinem Kopf. Ich drehte mich hin und her, streckte mich und spürte dabei heftige Stiche im Unterleib. Ich krümmte mich direkt zusammen. Ob sich da etwas festgebissen hatte? Ja, die liebe Einbildung war auch ein Hoffnungsträger, aber wenn es der guten Laune diente, ließ ich sie gewähren. Heute Morgen fühlte ich mich jedenfalls sehr gerädert. All meine Gedanken kreisten einzig und allein um das kleine Wesen in meinem Bauch. Heute müsste die Einnistung erfolgen. Fest überzeugt davon, etwas spüren zu müssen, horchte ich den ganzen Tag tief in mich hinein und interpretierte fleißig jedes noch so kleine Anzeichen. Aber da war nichts. Absolut nichts. Nur wieder meine volle Blase, der leicht aufgeblähte Bauch und das leichte Drücken meiner Eierstöcke. Eine Ablenkungsstrategie musste her, und so verschrieb ich mich am Vormittag der Büroarbeit. Hier gab es einiges zu tun. Anschließend ging ich noch gemütlich einkaufen und landete mal wieder in der Abteilung für Nahrungsergänzungs-mittel. Ich erwischte mich immer wieder selbst dabei, wie ich versuchte, das Ergebnis positiv zu beein-flussen. So als ob es in meiner Hand läge, ob der Schwangerschaftstest positiv oder negativ ausfallen würde. Dieses Mal landeten Omega-3-Kapseln und ein Schwangerschaftstee in meinem Einkaufswagen. Die großen Werbeversprechen hatten mich fest im Griff. Natürlich wusste ich im Grunde, dass ich hiervon nicht schwanger würde, aber ich hatte wenigstens das Gefühl, irgendwas zu tun, und schaden würde es mir definitiv nicht. Als das erledigt war, konnte ich mich dann auch endlich wieder meiner Hauptaufgabe widmen: Mittagessen einkaufen. Mein Appetit war recht groß, und heute musste etwas Deftiges auf den Tisch. Normalerweise ernähren wir uns im Alltag sehr gesund. Mindestens frisches Gemüse oder Salat gehören täglich auf den Tisch. Nicht heute. Ich wollte Zigeunerschnitzel mit Pommes. Wenn ich die Soße mit frischen Zutaten bereitete, wäre sie ja bestimmt auch irgendwie gesund. Mindestens jedoch leckerer. Ein Festmahl, auch zur Freude meiner beiden Männer. Nach dem hervorragenden Essen wanderte ich zunächst wieder auf das Sofa. Die Müdigkeit überrollte mich, und ich schlief ein. Geweckt wurde ich natürlich von meiner vollen Blase und einem sehr trockenen Mund. So einen riesigen Durst hatte ich schon lange nicht mehr. Da ich in den vergangenen Tagen literweise Tee in mich hineingeschüttet hatte, verlangte mein Körper mittlerweile von allein danach. Somit hieß es ausleeren, trinken und weiterhin Ruhe gönnen. Ich fühlte mich trotz Mittagschlaf noch immer sehr müde und ausgelaugt. Der Körper brauchte wohl einfach Ruhe. Die Sonne schien bei milden Temperaturen, und so entschieden wir uns nach dem Abendessen für einen kleinen Schönwetter-Spaziergang. Matthias steuerte zielstrebig die Eisdiele in unserem Ort an, doch mir war noch etwas flau im Magen und absolut nicht nach Eis. Schon nach dem Mittagsessen hatte ich leichten Durchfall gehabt, jetzt fühlte ich mich etwas kränklich. Ob das schon die ersten Anzeichen für eine Schwangerschaft waren? Vielleicht würde ich aber auch einfach nur krank werden. Hier wurde in der Tat jeder Pups kleinlich und detailreich bewertet. Immerhin wartete ich auf das eine große Zeichen, das mir bestätigte, ja, du bist schwanger. Die ersten Hitzewallungen machten sich am Abend breit. In einer Sekunde fror ich, als hätte ich Fieber, und in der Nächsten hatte ich die Schweißperlen auf der Stirn. Das aber wiederum schob ich auf die Östrogen-Tabletten, die ich seit gestern einnahm. Sie sollten den Aufbau und die Stabilität der Gebärmutterschleimhaut unterstützen. Laut meiner Ärztin war die zwar schon sehr gut aufgebaut, aber etwas Unterstützung würde nicht schaden. Also immer rein damit. Bei der Menge an Medikamenten machte die eine Tablette mehr oder weniger auch nichts mehr aus. Nach dem Spaziergang ging es ohne Umwege ins Bett, und heute schlief ich auch sehr schnell ein.

PU + 7

TAG SIEBEN
NACH DER PUNKTION

TF + 2

TAG ZWEI
NACH DEM TRANSFER

„Wenn das wirklich die Einnistung war, dann müssten die Symptome jetzt von Tag zu Tag intensiver werden.“

Diese Nacht schlief ich sehr fest. Zwar drückte meine Blase wieder pünktlich zwischen drei und vier Uhr in der Früh, aber ich freute mich über jedes Anzeichen, das für eine Schwangerschaft stehen könnte. Der nächtliche Gang zur Toilette gehörte laut Expertenmeinung im Kinderwunsch-Forum dazu. Der Wecker klingelte pünktlich um sieben Uhr. Ich hatte nicht einmal mitbekommen, dass mein Mann schon aufgestanden war. Er kümmerte sich um das Schulfrühstück für unseren Großen, und so schluckte ich nur meine Medikamente und kroch zurück unter meine warme Bettdecke. Eigentlich hätte ich ausgeschlafen sein müssen, aber ich fühlte mich fix und fertig und schlief auch direkt wieder ein. Eine Stunde später musste ich aber aufstehen. Das Büro forderte meine Anwesenheit. Nach dem Frühstück war mir wieder ziemlich flau im Magen. Genau wie gestern Abend. Wenn das wirklich die Einnistung war, dann müssten die Symptome jetzt von Tag zu Tag intensiver werden. Ich war sehr gespannt und hatte ein richtig positives Gefühl. Es hatte bestimmt geklappt. Meine Blase drückte permanent, und auch meine Eierstöcke waren spürbar am Arbeiten. Aus zahlreichen Internetrecherchen wusste ich, dass es ein positives Zeichen sein kann, wenn die Eierstöcke wieder zu schmerzen beginnen. So konnte es weitergehen. Auch meine Brüste wurden langsam etwas druckempfindlicher, und mein Gesicht fühlte sich heiß an, obwohl ich eine ganz normale Körpertemperatur hatte. Es musste einfach geklappt haben! Der Mittag sorgte ein wenig für Ablenkung, wir waren nämlich auf der Suche nach einem neuen Bett für unser Schlafzimmer. Schonprogramm war gestern, jetzt wird Shopping gemacht! Der Ausflug ging ins nahe gelegene Möbelhaus. Dort angekommen, aßen wir zunächst einmal im Restaurant zu Mittag. Für mich gab es Currywurst mit Pommes. Mein Heißhunger auf deftige Speisen war geblieben. Gesättigt ging es dann in die Abteilung für Schlafzimmermöbel. Wir wurden auch fündig, nahmen unsere ersten Eindrücke aber zunächst einmal mit nach Hause. Zum Abendessen gönnte ich mir dann eine Tomaten-Shrimps-Pfanne mit Fetakäse. Derzeit hätte ich mich in alles, was mit Tomaten zu tun hatte, förmlich hineinlegen können. Wie gut, dass ich für den nächsten Tag noch eine frisch bereitete Tomatensuppe im Kühlschrank hatte. Am Abend spielten wir mit unserem Großen noch eine Runde Mensch ärgere Dich nicht am Gartentisch. Die Stimmung war zufrieden und entspannt. Anschließend schlief ich schon sehr früh beim Fernsehen ein.

PU + 8

TAG ACHT
NACH DER PUNKTION

TF + 3

TAG DREI
NACH DEM TRANSFER

„Ja, die lieben grünen Punkte."

Die heutige Nacht war wieder zum Haareraufen. Ich war unruhig und wurde ständig wach. Kaum schlief ich ein, meldete sich die Blase, die unbedingt jetzt geleert werden wollte. Das Einschlafen fiel anschließend wieder schwer. Doch obwohl ich kaum ein Auge zugetan hatte, fühlte ich mich am Morgen ziemlich fit und ausgeschlafen. Das war mir neu, denn die Tage zuvor war die Müdigkeit neben den ständigen Toilettengängen mein zuverlässigster Begleiter. Die Zeit schien jetzt stillzustehen. Es waren noch nicht einmal drei Tage vergangen, und ich begann langsam am Erfolg zu zweifeln. Gestern war ich noch so zuversichtlich und glücklich, doch heute ging mir alles und jeder auf die Nerven. Meine Brüste fühlten sich wieder normal an, und auch das flaue Gefühl im Magen war verschwunden. Lediglich die Eierstöcke waren hin und wieder noch zu spüren. Sollten die Anzeichen mit steigendem HCG im Körper nicht intensiver werden? Dieser Gedanke gab meiner Laune den Rest. Glücklicherweise stand heute mein Termin bei der Heilpraktikerin auf dem Programm. Zur besseren Entspannung lies ich dort meine lieb gewonnene Ohr-Akupunktur durchführen. Auch wenn ich nicht beschreiben kann, was genau diese Akupunktur bei mir bewirkte, so war ich mir absolut sicher, danach um einiges entspannter zu sein. Dabei gehörte ich anfangs zur größten Skeptikerin, wenn es um das Thema alternative Heilmetoden ging. Hier kann ich nur sagen, probiere es einfach mal aus. Für mich war es eine sehr tolle Erfahrung. Anschließend ging ich ins Büro und brachte mich mit der täglichen Schreibtischroutine ein wenig auf andere Gedanken. Sobald ich in meinem Workflow war, gelang mir das auch. Ich bin, wie gesagt, Hochzeitsplanerin, und ja, ich liebe meinen Job. Es ist eine sehr positive Tätigkeit, und die enge Zusammenarbeit mit meinen glücklichen und sich auf den Hochzeitstag freuenden Hochzeitspaaren munterte mich immer wieder auf. Das ist genau das, was man sich im Leben wünscht. Menschen glücklich zu machen.

∞

Mir fiel auf, dass ich heute zum allerersten Mal keinen Mittagsschlaf mehr nötig hatte. Ob das ein gutes Zeichen war? Wohl eher nicht. Immerhin gehörte die Müdigkeit auf die Liste zuverlässiger Symptome einer Frühschwangeren, gleich nach den empfindlichen Brüsten. Wie wild drückte ich in regelmäßigen Abständen auf ihnen herum, um herauszufinden, ob sie sich in irgendeiner Form anders anfühlten. Ein wenig doof kam ich mir dabei schon vor, aber von meiner ersten Schwangerschaft wusste ich noch, dass dies das erste richtige und zuverlässige Zeichen war. Noch bevor ich begriff, was überhaupt los war, hatte ich sehr schmerzhafte und empfindliche Brustwarzen. Zurzeit tat mir das Gewebe ausschließlich vom ständigen Herumgedrücke weh. Ja, die lieben grünen Punkte. Sie kommen und gehen und hinterlassen nichts als Chaos im Kopf.

∞

Es war an der Zeit, über einen Test nachzudenken. Geduld gehörte wahrlich nicht zu meinen Stärken. Außerdem las ich im Forum immer wieder von anderen Mädels, die bereits acht bis zehn Tage nach der Punktion die ersten zarten Linien auf ihren Schwangerschaftstests präsentierten. Ich wollte auch endlich diese eine zweite Linie haben. Ich wollte ein Foto davon machen und sie jedem präsentieren. Stolz und voller Schwangerschafts-Glücks-Hormone. Im Internet fand ich ganze Studien zu hochempfindlichen Schwangerschaftstests bis zu jenen, die so schlecht waren, dass sie sogar in Cola oder Apfelsaft getaucht eine zweite Linie anzeigten. Hinterher wurden diese Tests in der Luft zerrissen, da sie ja völlig falsche Ergebnisse lieferten. Wer kommt eigentlich auf die schwachsinnige Idee einen Schwangerschaftstest in Apfelsaft zu tauchen? Und wie um alles in der Welt konnte man eine Rezension über schwangeren Apfelsaft verfassen und das auch noch ernst meinen?

Manchmal war auch ich mir nicht mehr sicher, ob der während einer Kinderwunschbehandlung verabreichte Hormoncocktail nicht doch größere Schäden hinterließ. Ich entschied mich für die einfachen, aber hochempfindlichen Streifentests von KTX7. Für den Preis von einem digitalen Markentest bekam ich hier gleich fünfundzwanzig Streifentests geliefert. Die zeigten sogar bei einem niedrigen HCG-Wert von zehn im Blut noch eine deutliche und vor allem rosa Linie an. Aber auch die Streifentests von Babytest und Innovita entpuppten sich im Laufe der Zeit als sehr zuverlässig. Eigentlich hatte ich mir fest vorgenommen, gar nicht zu testen, da ich das Ergebnis dadurch ja nicht beeinflussen konnte. Aber ich konnte einfach nicht widerstehen. Meine Gefühlslage schwankte zwischen „Es hat bestimmt geklappt" und „Es kann überhaupt nicht geklappt haben". Matthias hielt ich aus meiner Privatwissenschaft komplett raus, wollte mit ihm weder über meine grünen Punkte noch über mögliche Schwangerschaftstests sprechen. Er war die Geduld in Person und hätte mein Kopfchaos sowieso nicht verstanden. Vor allem hätte er mir den Schwangerschaftstest ganz bestimmt ausgeredet. Zwei Frauen aus dem Forum berichteten heute über ihren positiven Bluttest. Sie waren völlig überrascht und hatten aus reiner Frustration vorher sogar schon ihre Medikamente abgesetzt. Eine von beiden ist nicht mal zum regulären Bluttest erschienen, da sie überzeugt davon war, nicht schwanger zu sein. Erst als ihre Regel nach drei weiteren Wochen immer noch ausblieb, bekam sie einen neuen Termin zum Bluttest und war überraschenderweise doch schwanger. So viel zum Thema sichere Anzeichen. Insgeheim schüttelte ich darüber den Kopf, dass sie ihrem Kinderwunschzentrum nicht ausreichend Vertrauen entgegenbrachten und mit der Absetzung der Medikamente sogar die Schwangerschaft selbst aufs Spiel setzten. Aber es war stets leicht, sich eine Meinung über Dinge zu bilden, die einen selbst nicht betrafen. Das war auch meine letzte Erkenntnis des Tages. Ich deckte den Tisch zum Abendessen, verschlang ein Heringsfilet, natürlich in Tomatensoße, und ging anschließend ins Bett. Insgeheim hoffte ich natürlich nur darauf, die Tage so etwas verkürzen zu können. Wer früh schläft, war schneller im Morgen, und ich wollte nur noch eins, dass die Zeit schnell vorübergeht.

PU + 9

TAG NEUN
NACH DER PUNKTION

TF + 4

TAG VIER
NACH DEM TRANSFER

„Ich wollte mich auf die Enttäuschung vorbereiten."

Jetzt war es ganz offiziell so weit. Ich konnte keinen klaren Gedanken mehr fassen. Die grünen Punkte kehrten zurück. Es zog in den Eierstöcken. Ich war müde. Der Bauch war wieder aufgebläht und kugelrund. Beim Frühstück war mir unendlich flau im Magen. Ich hatte Sodbrennen vom gestrigen Fisch in Tomatensoße, und mir war kalt. Kurz, ich war von der ganzen Welt genervt. Am meisten jedoch von mir selbst. Matthias ging ich mittlerweile komplett aus dem Weg. Ich zog mich immer öfter in mein Schlafzimmer zurück, schloss die Tür hinter mir und verkroch mich unter meiner warmen Bettdecke. Hin und wieder steckte Matthias mal den Kopf durch die Tür, brachte mir einen neuen Tee und fragte liebevoll danach, was ich so mache. Ich beruhigte ihn, ich sei nur müde und hätte mich deshalb ins Bett zurückgezogen. In Wahrheit wollte ich aber einfach nur alleine sein. Meine Ruhe haben. Eine Freundin schrieb mir per WhatsApp und wollte wissen, wie es mir ging. Sie fragte natürlich auch nach Neuigkeiten in der laufenden Kinderwunschbehandlung. Sie nervte mich. Sie wollte doch sowieso nur wissen, ob ich schwanger war und ihr damit einen Schritt voraus. Erst kürzlich hatte sie vom niederschmetternden Spermiogramm ihres Partners erfahren – auf natürlichem Weg würde sie ebenfalls keine Kinder bekommen können. Den Weg über das Kinderwunschzentrum lehnte ihr Partner jedoch strikt ab, und somit blieb sie mit ihrem Kinderwunsch alleine zurück. Angeblich sei das okay für sie, aber das glaubte ich ihr nicht. Insgeheim unterstellte ich ihr sogar, dass sie sich wünschte, es möge deshalb auch bei uns nicht klappen. Sicherlich war das nicht der Fall, jedoch ließ meine damalige Gefühlslage keinen anderen Gedanken zu. Das Gespräch würgte ich freundlich, aber kurz und bündig ab. Doch irgendwie schien heute der Tag der Freundinnen zu sein, denn schon erreichte mich die nächste Nachfrage. Ich wollte meinem Unmut etwas Luft machen und antwortete, ich sei der Meinung, es habe ganz bestimmt nicht geklappt. Ich teilte ihr mit, wie schlecht es mir ging. Sofort bekam ich ein paar ermutigende Worte zurück – doch genau das wollte ich in diesem Moment am wenigsten hören. Ich war wütend, da mir meine Freundin nur unnötig Hoffnungen machte, die später doch wieder nur enttäuscht würden. Das war gerade das Letzte, was ich wollte. Ich wollte mich auf die Enttäuschung vorbereiten. Das sollte mich emotional etwas abfedern, damit ich nicht so tief fiele, wenn ich das negative Ergebnis schwarz auf weiß in den Händen hielte. Immerhin hatte ich ja auch noch ein Leben, und das musste auch nach einem negativen Ergebnis irgendwie weitergehen. In dieser Sekunde hörte ich das Klappern unseres Briefkastens. Die Post war da. Ich wartete kurz, bis der Briefträger außer Reichweite war, sprang dann aus dem Bett und

114

holte die Post heraus. Da waren sie schon. Die Schwangerschaftstests. Sofort verbarrikadierte ich mich alleine im Badezimmer, damit es keiner mitbekam. Still und heimlich wollte ich meinen ersten Test machen, um endlich Gewissheit zu haben. Ich wollte nicht länger einfach nur abwarten und hoffen. Gierig riss ich die Packung auf und holte den ersten Test heraus. Pipi ging aktuell zu jeder Zeit, und so sammelte ich etwas Urin im Becher. Es dauerte nur den Bruchteil einer Sekunde, und der Teststreifen war drin und sog sich voll. Anschließend legte ich ihn auf die Fensterbank und wartete gespannt auf das Ergebnis. Zunächst setzte ich mich auf den Toilettendeckel, von dem aus ich den Test nicht sehen konnte. Ich wollte das Ergebnis erst nach der vorgegebenen Zeit ablesen. Drei Minuten. Ich blinzelte schon mal vorsichtig aus der Ferne. Aber da war nichts. Keine zwei Striche. Nicht mal ein Hauch von einem zweiten Stich. Ich schnappte mir den Teststreifen und hielt ihn in alle Richtungen. Aber weder die Badezimmerlampe noch ein weißer Untergrund konnte etwas an dem Testergebnis ändern. Der Schwangerschaftstest zeigte nur eine einzige Linie und war damit negativ. Blütenweiß. Ich versteckte den Test im Mülleimer, war wütend und ging in mein Büro. Aber nicht, um zu arbeiten. Ich recherchierte über Stunden darüber, ob die Tests zu dem Zeitpunkt aussagekräftig genug seien. Und letztlich findet jeder Suchende im Netz ja doch immer die für ihn passende Antwort. Ich durfte also noch Hoffnung haben. Positiv bewertete ich die Tatsache, dass der Schwangerschaftstest weiß war, sich demnach kein Rest-HCG von der eisprungauslösenden Spritze mehr in meinem Körper befand. Damit durfte ich meinem nächsten Test entgegenfiebern. Mein Heißhunger auf Tomaten war geblieben, und so gönnte ich mir erneut eine leckere Pfanne mit Tomaten und Fetakäse zum Abendessen. Dann kam der Moment, der irgendwann einfach kommen musste. Abends im Bett beim Fernsehen fragte mich Matthias, ob ich hinsichtlich des Transfers bereits ein Gefühl hätte. Ob ich schon etwas spüren würde. Da war sie, die Frage aller Fragen. Obwohl ich völlig fassungslos darüber war, dass er sich doch tatsächlich für eine erste Prognose interessierte, brach ich in Tränen aus. Matthias wusste gar nicht, was los war, er hatte mir doch nur eine simple Frage gestellt. Auch ich konnte nicht erklären, weshalb ich weinen musste. Ich erzählte ihm von meinen vielen grünen Punkten und dass sie wieder verschwanden und davon, dass ich schon einen Schwangerschaftstest gemacht hatte. Die Sache mit dem Test konnte er natürlich überhaupt nicht nachvollziehen, wo doch unser Termin für den Schwangerschaftstest in der Klinik bereits feststand. Aber er nahm mich fest in seine Arme, küsste mir auf die Stirn und sagte, ich solle nicht traurig sein. Der Wasserfall war geboren.

Etwas später bekam ich ein starkes menstruations-
artiges Ziehen im Unterleib. Nun kündigte sich an-
scheinend auch noch meine Periode vorzeitig an. Das
war es dann wohl. Es war definitiv Zeit zu schlafen.

118

PU + 10

TAG ZEHN
NACH DER PUNKTION

TF + 5

TAG FÜNF
NACH DEM TRANSFER

„Alle Tests waren kaputt!?"

In der Nacht musste ich jetzt bereits zweimal raus zur Toilette. Dabei verspürte ich ein brennendes Gefühl wie bei einer Blasenentzündung. Früher schlief ich die Nächte immer problemlos durch. Auch der Schlaf reichte nicht mehr aus. Obwohl ich neun Stunden lang schlief, war ich am nächsten Tag so müde wie schon lange nicht mehr. Mir war flau im Magen, das Sodbrennen war immer noch da, und auch meine Brust spannte wieder mehr als sonst. Die perioden- artigen Unterleibsschmerzen waren glücklicherweise wieder verschwunden. All das gab mir wieder etwas Hoffnung, aber ich traute mich nicht, erneut einen Schwangerschaftstest zu machen. Zu groß war die Angst vor einer weiteren Enttäuschung. Also lenkte ich mich ab, ging einkaufen, genoss die Sonne im Garten und ging spazieren. Am Abend stand ich dann doch wieder im Badezimmer vor der Schublade. Soll ich oder soll ich nicht? Egal, im schlimmsten Fall würde er wieder negativ sein. Ich machte also den nächsten Schwangerschaftstest. Bei allen anderen Mädels war er zu dieser Zeit schon sichtbar positiv. Sollte er jetzt immer noch negativ sein, könnte ich den Versuch wohl definitiv in die Tonne treten. Damit hätte ich aber endlich Gewissheit. Nach Ablauf der Zeit blickte ich auf den Test, und plötzlich machte sich eine gehörige Portion Wut in mir breit. Ich feuerte den Test in die Ecke. Jetzt hatte es mich auch erwischt. Ein defekter Schwangerschaftstest mit einer dieser berühmtberüchtigten Fail-Linien. Vielleicht kennst du diese Bezeichnung schon. Das sind Linien, die gar keine sind, weil sie grau sind und nicht rosa. Sie sind nur ganz zart zu erkennen. Ein Hauch von Nichts. Meistens erscheinen sie erst weit nach der vorgegebenen Ablesezeit. Aber sie sind da und lassen dich im Glauben, schwanger zu sein. Aber du bist es nicht. Voller Hass riss ich die nächste Packung auf und hielt den Teststreifen in den selben mit Urin gefüllten Becher. Und noch einmal. Alle Tests sahen in etwa gleich aus. Sie hatten alle diese minimal grau angehauchte Kerbe, die aussah, als wäre ein zweiter Strich drauf. Alle Tests waren kaputt. Ich hatte eine schlechte Lieferung erwischt. Diese blöden Billigtests. Ich bereute es, keinen digitalen Markentest gekauft zu haben. Ich ging in mein Büro, schmiss den Rechner an und bestellte mir neue Schwangerschaftstests. Dieses Mal von der Marke Babytest. Die würden sicher besser sein. Dann rannte ich zurück ins Badezimmer und sammelte erneut ein paar rausgepresste Tröpfchen Urin in einem Becher. Jetzt sollte er konzentrierter sein, denn seit dem letzten Test hatte ich keinen Tropfen mehr getrunken. Die nächsten zwei Teststreifen mussten herhalten. Gleichzeitig. Der Urin reichte gerade so, damit sich die Streifen vollsaugen konnten. Und wieder war ein Hauch von einer Linie zu sehen. War ich jetzt doch schwanger? Die Tests mussten kaputt sein. Mein Herz schlug mir bis zum Hals. Ich sammelte die Tests in einer Verpackung und widmete mich dem Abendessen mit meiner Familie. Da war sie wieder, die Hoffnung, und meine Laune besserte sich schlagartig. Ich fühlte mich sogar irgendwie glücklich. Matthias konnte meine sprunghafte Laune mittlerweile nicht mehr ertragen. Wir fuhren täglich Achterbahn, und er saß mit mir in der ersten Reihe und bekam den Fahrtwind mit voller Breitseite ab. Ich sah während dieser Zeit nur mich und meine grünen Punkte. Mein Familienleben wurde zur Last, meine Büroarbeit zu einem notwendigen Übel. Mein Kind zu einem nervigen Etwas, das den ganzen Tag nur überflüssige Mama-Fragen stellte. Nach dem Abendessen verzog ich mich direkt zurück ins Badezimmer. Ich konnte einfach nicht aufhören, auf diese Teststreifen zu starren. Ich hatte sie fotografiert, um zu schauen, ob man die Linie auch auf dem Foto sah.

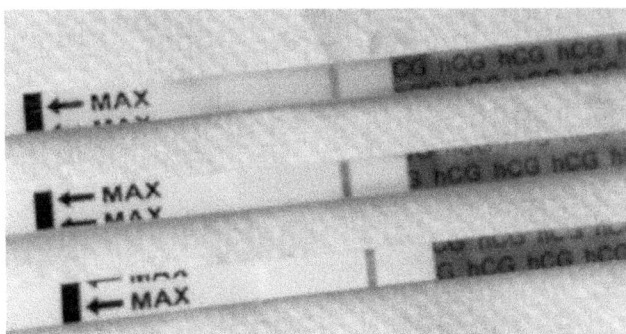

Zu gerne wollte ich die Fotos im Forum hochladen, um sie von den anderen Mädels kritisch auswerten zu lassen. Die waren nämlich richtige Fachfrauen auf dem Gebiet. Aber ich traute mich nicht. Zu groß war die Angst, mir könnte eine sagen, sie könne die zweite Linie nicht sehen oder diese sei viel zu schwach für diese Zeit. Noch schlimmer wäre aber, sie würden mir zu einer nicht vorhandenen Schwangerschaft gratulieren. Nein, das wollte ich nicht. Auch Matthias sagte ich noch nichts. Am Ende waren diese Schwangerschaftstests wirklich kaputt, und ich stünde da wie ein Vollidiot. Ich musste diesen Moment der Hoffnung zunächst für mich behalten. Also versuchte ich mir nichts anmerken zu lassen und ging ins Bett. Diese Nacht schlief ich glücklich ein. Morgen würde ich mehr wissen. Wenn ich wirklich schwanger wäre, müsste der Test morgen etwas deutlicher sein als heute. Die Vorstellung machte mich glücklich.

PU + 11

TAG ELF
NACH DER PUNKTION

TF + 6

TAG SECHS
NACH DEM TRANSFER

„Wie konnten sich all meine Symptome
nur tagtäglich ändern?"

Mein Kopf war noch immer damit beschäftigt, die Ergebnisse der Schwangerschaftstests zu analysieren. Am nächsten Morgen hatte ich wieder ein flaues Gefühl in der Magengegend. Nach einem ausgiebigen Frühstück ging es mir dann deutlich besser. Ich hatte wohl einfach nur großen Hunger gehabt. Alle anderen Anzeichen waren mal wieder komplett verschwunden. Meine Brüste taten nicht mehr weh, und auch meine Eierstöcke spürte ich nicht mehr. Ich war nicht mehr von dieser endlosen Müdigkeit geplagt, obwohl ich die Nacht über kein Auge zugetan hatte. Es war einfach alles wie immer. Das verleitete mich erneut zu der Annahme, dass diese Schwangerschaftstests wirklich kaputt gewesen sein mussten. Ich verstand die Welt nicht mehr. Wie konnten sich all meine Symptome nur tagtäglich ändern? Den Vormittag verbrachte ich ausschließlich damit, auf das Klappern des Briefkastens zu lauschen. Ungefähr einhundert Mal pendelte ich zwischen Sofa und Badezimmer hin und her. Immer wieder warf ich einen Blick auf die gestrigen Teststreifen. Die Linien waren heute so zart, dass man sie kaum noch erkennen konnte. Manche Teststreifen hatten gar keine sichtbare Linie mehr. Es klapperte. Dieses Mal wartete ich nicht, bis der Postbote verschwunden war, und bedankte mich noch persönlich für die schnelle Auslieferung der Briefe. Ein wenig erschrocken vom plötzlichen Öffnen der Tür, schenkte mir der Briefträger dann doch noch ein verlegenes Lächeln. Da war sie, die Lieferung von Babytest. In Erwartung, dass ich sie heute bekommen würde, hatte ich die letzten zwei Stunden keinen Tropfen mehr getrunken. Damit war nicht nur meine Zunge staubtrocken, sondern auch der Urin hoch konzentriert, was zu einem aussagekräftigen Ergebnis der Schwangerschaftstests beisteuern sollte. Gesagt, getan. Nun saß ich da und wartete gespannt. Dieses Mal konnte ich kaum ruhig sitzen vor Aufregung. In großer Erwartung starrte ich auf den Teststreifen. Zwischenzeitlich sendete ich Stoßgebete in den Himmel. Er musste einfach positiv sein. Ich konnte meinen Augen kaum trauen. Da war sie wieder. Die zweite Linie. So zart, dass man sie kaum erkennen konnte, aber sie war jetzt eindeutig da. Um sicher zu sein, dass dieser Test nicht auch kaputt war, machte ich direkt noch einen zweiten. Ich musste träumen. Völlig von den Socken fotografierte ich die beiden Linien, um sie den Mädels im Kinderwunsch-Forum zu präsentieren.

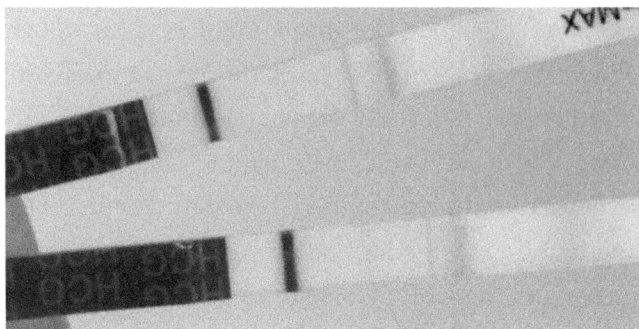

Und ja, sie sahen sie auch und gratulierten mir direkt zur Schwangerschaft. Dass die Linien noch sehr zart waren, störte sie nicht: Der Embryo habe sich's bestimmt nur etwas später in meinem Bauch gemütlich gemacht. Da war sie also, die berühmte zweite Linie. Du kannst dir kaum vorstellen, wie ich mich in diesem Moment gefühlt habe. Ich hatte Gänsehaut vor Glück und bekam das Grinsen gar nicht mehr aus dem Gesicht. Freudentränen liefen über meine Wangen. Ich hatte es wirklich geschafft.

∞

Oder? Im Internet suchte ich nach zahlreichen Testreihen, die mir bestätigen sollten, dass die Intensität meiner Linie auf dem Schwangerschaftstest in Ordnung war. Alle anderen Mädels aus dem Forum hatten zur gleichen Zeit schon Tests mit viel intensiveren Linien in ihren Händen. Das letzte Mädel, das vergleichsweise zarte Tests präsentiert hatte, bekam kurz darauf starke Blutungen und verlor das Kind. Auch bei meiner tiefergehenden Recherche kam ich zu keinem besseren Ergebnis. Die Linie auf dem Schwangerschaftstest hätte heute viel stärker sein müssen, als meine es war. Aber das war mir schließlich doch egal. Mein Test war eindeutig positiv, und morgen würde ich es auch offiziell erfahren. Denn morgen war Bluttest-Tag. Dann würde mir das Kinderwunschzentrum endlich zu meiner Schwangerschaft gratulieren. Bestimmt fand die Einnistung einfach nur etwas später statt. So etwas liest man doch auch häufig im Internet. Energiegeladen hüpfte ich durch unser Haus, bis ich vor Matthias landete. Mit großen, erwartungsvollen Augen sah er mich an. Jetzt sollte ich doch sicher wieder mit irgendeiner neuen tollen Idee um die Ecke kommen. Dann zeigte ich ihm die Schwangerschaftstests und fragte ihn, ob er die Linien auch sehe. Natürlich sah Matthias sie auch, war aber alles andere als begeistert darüber, dass ich schon wieder selbst getestet hatte. Wo nahm er nur die Geduld her? Wie auch immer, mein Tag war gerettet. Ich hielt jetzt einen, nein, gleich zwei positive Schwangerschaftstests in den Händen und fieberte dem morgigen Tag nun förmlich entgegen. Die Welt durfte sich wieder weiterdrehen. Matthias war heute ganz ruhig. Er begriff schnell, dass sich unser Leben jetzt verändern würde. Auch wenn wir darauf zielstrebig hingearbeitet hatten, so musste diese Information zunächst einmal verarbeitet werden. Auch ich fühlte mich plötzlich ganz seltsam. Am Nachmittag gingen wir entspannt in der Sonne spazieren. Irgendwie war jetzt alles perfekt. Wir würden Eltern werden und konnten ab jetzt unser normales Leben wieder genießen. Sobald die letzten Untersuchungen abgeschlossen wären, würden wir wie ein ganz normales schwangeres Paar behandelt werden. Keiner würde je danach fragen, wie diese Schwangerschaft zustande gekommen sei. Es würde keine Sonderbehandlung mehr für uns geben. Das Kinderwunschzentrum sollten wir damit bald hinter uns lassen können, und die Erinnerung an die schwere Zeit würde schnell verblassen. Unsere kleine Familie war jetzt perfekt. Am Abend machte ich noch einen weiteren Schwangerschaftstest. Immerhin hatte ich eine ganze Großpackung hier liegen, und zukünftig würde ich sie nicht mehr brauchen. Vielleicht würde die Linie jetzt schon etwas stärker sein? Und so war es auch.

PU + 12

TAG ZWÖLF
NACH DER PUNKTION

TF + 7

TAG SIEBEN
NACH DEM TRANSFER

„Ich befand mich jetzt ganz offiziell am
Ende der Warteschleife."

Ich befand mich jetzt ganz offiziell am Ende der Warteschleife. Heute würde man uns erlösen. Ich hatte meinen lang ersehnten Termin in der Kinderwunschklinik zur Blutentnahme. Der HCG-Wert sollte ermittelt werden. Anschließend bekommt man einen Anruf vom Labor, und die teilen einem mit, ob der Schwangerschaftstest positiv oder negativ ist. Zur Sicherheit machte ich vor dem Termin noch einen weiteren Test.

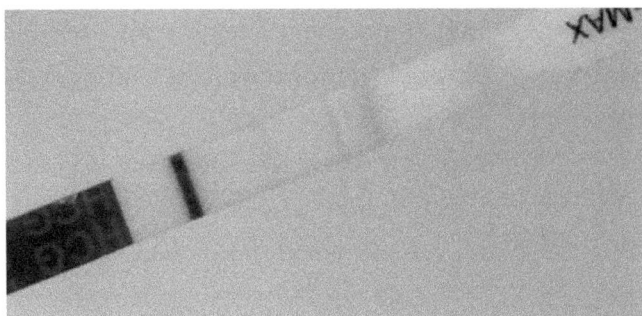

Die Linie war immer noch da. Sie war immer noch sehr zart, aber deutlicher als gestern zu sehen. Zuversichtlich fuhr ich in die Kinderwunschklinik. Matthias ließ ich zu Hause. Für die reine Blutentnahme wollte ich ihn nicht von der Arbeit abhalten. Gut gelaunt wartete ich im Labor. Die Mädels dort fragten mich direkt, ob ich bereits einen Schwangerschaftstest gemacht hätte. Aus Erfahrung wussten sie, dass die meisten Frauen nicht bis zum

Bluttest in der Klinik warten konnten. Stolz berichtete ich von meiner zarten positiven Linie auf meinem Test. Positiv, was für ein tolles Wort. Ich erwähnte aber auch meine Sorgen wegen der schwachen Intensität der Linie, die jedoch heute immerhin intensiver sei als gestern. An dieser Stelle stiegen die Damen aus meinem wissenschaftlichen Vortrag aus und meinten nüchtern, wir würden ja sehen, was der Bluttest sagt. Sie würden mich etwa gegen vierzehn Uhr anrufen. Und damit sollte ich den Platz für die nächste Patientin freimachen. Ich fuhr also wieder zurück nach Hause, legte mich ins Bett und wartete einfach nur, dass die Zeit verging. Zwischenzeitlich brachte Matthias mir einen Tee ans Bett. Er war neugierig, ob sich schon jemand aus der Klinik gemeldet hatte. Als ob ich das für mich behalten hätte! Die Zubereitung des Mittagessens lenkte mich ein wenig von der langen Warterei ab. Mit gut einer Stunde Verspätung folgte dann endlich der erlösende Anruf des Labors aus meiner Kinderwunschklinik. Aber sie gratulierten mir nicht zur Schwangerschaft. Sie teilten mir mit, dass ich HCG im Blut hätte, der Wert aber sehr niedrig sei. Natürlich wollte ich direkt wissen, wie hoch. Immerhin war ich mit allen wissenschaftlichen HCG-Tabellen bereits fest vertraut. Mit einem Wert von fünfundzwanzig wollten sie mir noch nicht gratulieren und bezeichneten mich allen Ernstes als ein bisschen schwanger. In zwei

Tagen sollte ich erneut zum Bluttest in die Klinik kommen, um zu sehen, ob sich der HCG-Wert ordnungsgemäß verdoppelt habe. Ein bisschen schwanger? Was genau sollte das denn schon wieder heißen? Diese Nachricht drückte meine Stimmung jedoch keineswegs. Sie reichte mir, mich über das Ergebnis zu freuen. Ein bisschen schwanger zu sein war immer noch besser, als gar nicht schwanger zu sein. Der kleine Krümel hatte sich festgebissen, vielleicht ja auch einfach ein bisschen später als geplant. Ich rannte meinem Mann in die Arme, und es flossen Freudentränen. Sofort rief ich meine Mama an, um ihr die freudige Nachricht zu überbringen. Ich war die glücklichste werdende Mama der Welt. Unserem Sohn erzählten wir aber noch nichts. Wir wollten zunächst die kommenden Termine abwarten und sichergehen, dass sich alles gut entwickelte. Anzeichen hatte ich mittlerweile keine mehr. Die grünen Punkte hatten sich in Luft aufgelöst. Jetzt durfte ich einfach nur glücklich sein.

NACH DEM TEST
IST VOR DEM TEST

„In meinem Bauch tat sich etwas."

Natürlich testete ich die nächsten Tage munter weiter. Ich wollte wissen, ob die Linie auf dem Schwangerschaftstest stärker wird. Und ja, sie wurde intensiver, was bedeutete, dass das HCG im Körper stieg. Ein sehr positives Zeichen. In meinem Bauch tat sich etwas. Jetzt war die Linie schon richtig rosa.

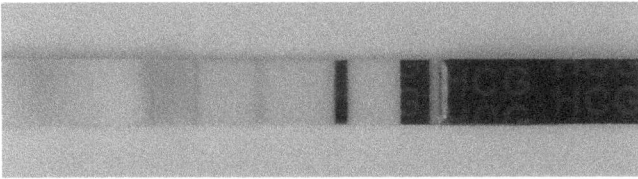

Plötzlich machte es Spaß, einen Test zu machen. Ich war mir absolut sicher, dass auch der zweite Bluttest zufriedenstellend sein würde. Positive Energie machte sich in mir breit. Matthias hielt sich noch zurück, er meinte, er traue dem Ganzen erst, wenn die Klinik die Schwangerschaft zu einhundert Prozent bestätigt hätte. Und so kam es auch. Der zweite Bluttest zeigte eine vorbildliche Verdopplung des HCG-Wertes. Damit gratulierte mir auch die Kinderwunschklinik nun ganz offiziell zur Schwangerschaft und gab mir einen Termin zum ersten Ultraschall in zwei Wochen. Zu diesem Termin sollte ich sogar schon meinen alten Mutterpass mitbringen. Obwohl ich es erwartet hatte, konnte ich es kaum glauben: Gleich der erste Versuch sollte für uns tatsächlich erfolgreich gewesen sein! Nur wenige Tage später durfte ich dann auch endlich meinen nun wirklich fett positiven Schwangerschaftstest in Händen halten.

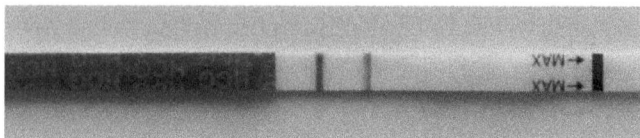

Ein Moment, auf den ich schon so lange gewartet hatte. Ich weinte vor Glück und hätte es in die Welt hinausschreien können. Die grünen Punkte kamen wieder. Dieses Mal wusste ich aber, dass es sich jetzt um echte Schwangerschaftssymptome handelte. Mir wurde immer öfter flau in der Magengegend. Anstelle der klischeehaften Symptomatik am Morgen überkam mich die Übelkeit erst in den späten Abendstunden. Meistens nach dem Abendessen. Mein gesunder Appetit auf Tomaten und deftige Speisen litt darunter jedoch nicht. Mein Leben nahm von da an wieder seinen normalen Lauf, nur dass ich nun eben ganz offiziell schwanger war. Ich erledigte meine Büroarbeit und war auch für meinen Mann und für mein Kind wieder erreichbar. Ich meldete mich bei meinen Freunden und berichtete von den großartigen Neuigkeiten. Natürlich waren sie alle von Beginn an fest davon überzeugt gewesen, dass es bei uns auf Anhieb klappen würde. Ich habe es doch gewusst, das war einer der meistgehörten Sätze. Jetzt war das okay für mich. Im Kinderwunschforum war ich jetzt nicht mehr so oft aktiv. Alle Fragen waren fürs Erste beantwortet, und so wollte ich mich von nun an nur noch auf mich, auf meine Familie und auf unser kommendes Baby konzentrieren.

∞

An einem Nachmittag geschah dann etwas, womit niemand gerechnet hatte. Meine ständig drückende Blase zwang mich mal wieder zur Toilette. Ich nahm etwas Toilettenpapier und trocknete mich. Doch was zur Hölle war das? Völlig erschrocken stellte ich fest, dass ich leichte Blutungen hatte. Es war ganz hellrosa. Um nicht grundlos hysterisch zu werden, dachte ich direkt an die zahlreichen Beiträge aus den Internetforen. Immer wieder war dort zu lesen, dass jemand leichte Blutungen bekam, die sich im Nachhinein aber als völlig harmlos herausstellten. Vielleicht war es die Einnistungsblutung, über die immerzu wild spekuliert wurde. Wenn es aber doch ein Hämatom war und jetzt absolute Bettruhe erforderlich wäre? Meine Oma erzählte mir immer wieder davon, dass sie noch ganze vier Monate lang ihre Blutung bekam, obwohl sie schwanger war. Mit meinen neuen Sorgen ging ich sofort zu Matthias. Er schaute mich nur mit großen

Augen an und fragte mich, was das jetzt bedeute. Woher sollte ich das wissen? Ich ließ das Gespräch sein, offenbar konnte er mit meinen Frauenproblemen absolut nichts anfangen. Mittlerweile schmerzte es in meinem Unterleib genau wie an den ersten Tagen meiner Regelblutung. Immer wieder rannte ich zur Toilette, um nachzusehen, ob die Blutung stärker würde. Das wurde sie zwar nicht, aber es war immer wieder etwas frisches Blut am Toilettenpapier. Jetzt bekam ich es wirklich mit der Angst zu tun. War's das jetzt? Würden wir unser Baby verlieren? Ich hatte doch gerade erst erfahren, dass ich schwanger war! Das war für mich jetzt definitiv ein Notfall, und ich rief umgehend in der Kinderwunschklinik an. Ich wurde direkt mit einem der Ärzte verbunden, der mir aber nur knapp und fast schon genervt mitteilte, dass er aktuell nichts für mich tun könne. Die Blutungen könnten alles oder nichts bedeuten, und wir müssten uns in Geduld üben. Er schob dann aber noch etwas freundlicher nach, dass Blutungen in der Frühschwangerschaft nicht ungewöhnlich seien. Aber einfach nur abwarten? Warten, mein persönliches Wort des Jahres! Völlig verzweifelt und voller Angst begann ich damit, neue Schwangerschaftstests zu machen. Zum Glück waren sie immer noch fett positiv. Irgendwie beruhigte mich das ein wenig, auch wenn mir insgeheim klar war, dass das überhaupt nichts zu bedeuten hatte. Nun rannte ich stündlich zur Toilette, um nachzusehen, ob ich noch blutete. Manchmal war stundenlang überhaupt nichts zu sehen. Ich hoffte immer wieder, dass es das gewesen sei, und dann waren die Blutungen doch wieder da. Im Forum riet man mir dazu, hochdosiertes Magnesium einzunehmen und das Progesteron zu erhöhen. Medizinisch ausgebildet oder nicht, die Mädels klangen sehr erfahren auf dem Gebiet, und wichtig war vor allem eins, sie waren für mich da. Matthias war irgendwann der Meinung, wir sollten einfach in die Kinderwunschklinik fahren, um mit einem Arzt persönlich zu sprechen. Gesagt, getan, und nach zwei Stunden Wartezeit wurden wir dann endlich in das Besprechungszimmer gebeten. Meine behandelnde Ärztin war selbst nicht im Haus. Ein Kollege sagte uns ohne Umschweife, dass er mich jetzt nicht untersuchen werde, da er ohnehin nichts feststellen könnte. Er schickte uns wieder nach Hause und bat uns darum, auf den vereinbarten Ultraschalltermin zu warten. Doch warum wollte mir niemand sagen, was los war? Selbst die schlechteste Prognose wäre mir recht gewesen. Ich wollte doch einfach nur wissen, was mich jetzt erwartete. Von der Klinik fühlte ich mich in dieser Situation komplett alleine gelassen. Alleine mit einer gehörigen Portion Angst und Unsicherheit. Infolge meiner Weltuntergangsstimmung kippte auch die Familienidylle wieder.

Während mein Mann mein permanentes egoistisches Herumgezicke nicht mehr ertrug und überhaupt keinen Landeplatz mehr bei mir fand, zog ich mich immer weiter in meine eigene Welt zurück. Ich weinte oft und lehnte jedes Angebot von Ablenkung kurz und bündig ab. Ich wollte keine Freunde sehen, ich wollte nicht spazieren gehen, und ich wollte auch mit Matthias keine Zeit verbringen, denn er verstand meine Sorgen sowieso nicht. So verbarrikadierte ich mich in meinem Schlafzimmer und verbrachte den lieben langen Tag im Forum bei meinen Mädels. Sie verstanden mich und meine Sorgen.

∞

Endlich war es so weit, wir fuhren in die Klinik zum Ultraschall. Die Blutungen waren immer noch da. Ganz leicht, aber kontinuierlich. Zuerst wurde wieder Blut abgenommen, um den HCG-Wert zu prüfen. Den Wert würde uns das Labor am Nachmittag telefonisch mitteilen. Als meine Ärztin mit der vaginalen Sonografie begann, musste man kein Fachmann sein, um zu erkennen, dass sie nicht zufrieden war mit dem, was sie sah. Allerdings ließ sie sich nichts anmerken und zeigte uns auf dem Monitor, dass da etwas sei, das eine Fruchthöhle sein könnte. Sie vermutete, dass der Embryo nur ein wenig bummeln würde. Sie wollte noch auf den HCG-Wert warten und dann entscheiden, wie es weitergeht. Meine Ärztin war immer positiv eingestellt. Das gefiel mir persönlich ganz gut. Sie machte uns immer Hoffnungen. Somit bekamen wir unser erstes Ultraschallbild überreicht, auf dem nicht mehr und nicht weniger als ein kleiner Punkt zu sehen war.

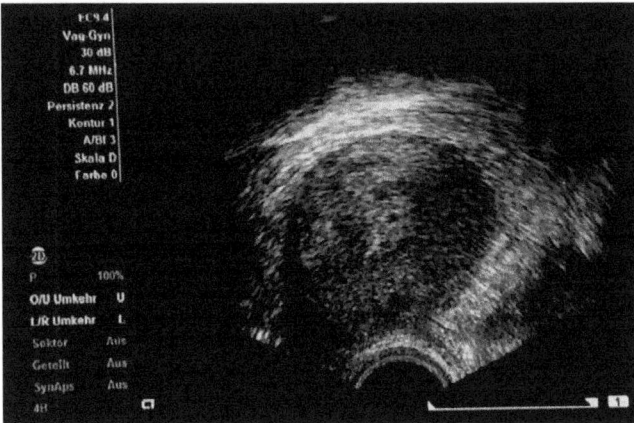

Wir hatten also einen kleinen Bummler an Bord. Von mir aus hatte er alle Zeit der Welt, sich zu entwickeln. Am Nachmittag rief uns das Labor noch einmal an, um uns den neuen HCG-Wert mitzuteilen. Jetzt klangen sie allerdings nicht mehr ganz so optimistisch. Der Wert war gut gestiegen, hatte sich aber nicht verdoppelt, so wie er es hätte müssen. Wir sollten uns jetzt überraschen lassen, ob die Schwangerschaft halte oder nicht. Es sei eine Fünfzig-fünfzig-

Chance. Dieses Auf und Ab aus der Klinik sorgte für ein heftiges Auf und Ab in meiner Gefühlswelt. Da es laut Statistik während der Kinderwunschbehandlung überhaupt nur eine zwanzig- bis dreißigprozentige Chance gab, schwanger zu werden, klangen die jetzigen fünfzig Prozent wie purer Luxus. Ich glaubte felsenfest an meinen kleinen Bummler. Meine Brüste waren gewachsen und sorgten dafür, dass ich mich weiterhin schwanger fühlte. Nur emotional konnte ich mich absolut nicht entspannen. Alles fühlte sich so unwirklich an. Da war sie wieder, die Achterbahn der Gefühle. Sie reichten von überglücklich bis todtraurig. Meist sorgte eine angemessene Hormonzufuhr jedoch dafür, dass ich mich wie eine glückliche werdende Mutter fühlte. Ich wollte stark sein für den Krümel in meinem Bauch. Wenn ich glücklich wäre, wäre er es sicher auch. So vergingen die Tage des Wartens. Auch an der leichten Blutung hatte sich bis dato nichts geändert. Mal war sie da und mal nicht. Irgendwie hatte ich mich schon daran gewöhnt. Die Übelkeit verteilte sich mittlerweile stoßweise über den ganzen Tag. Es gab Stunden, in denen ich überhaupt nichts essen konnte, und dann war plötzlich alles wieder in Ordnung. Im Unterleib spürte ich in unregelmäßigen Abständen ein periodenartiges Ziehen. Die Schwangerschaftstests waren weiterhin fett positiv. Die Zeit zog sich erneut wie Kaugummi. Matthias nahm zwischenzeitlich mal wieder Anlauf und suchte Nähe. Obwohl wir gemeinsam eingekuschelt im Bett lagen, war eine ungewohnte Distanz zwischen uns. Ich konnte mich einfach nicht mehr öffnen. Alles fühlte sich so leer an. Die Situation nagte an unserer Beziehung.

Zwei weitere Wochen später hatte ich meinen nächsten Termin zur Ultraschalluntersuchung. Wir waren sehr aufgeregt. Heute müssten wir ein Herzchen schlagen sehen. Erneut schickte ich Stoßgebete in den Himmel. Das Bild erschien auf dem großen Bildschirm, und noch bevor die Ärztin irgendwas erklärte, konnte ich die Fruchthöhle bereits deutlich erkennen.

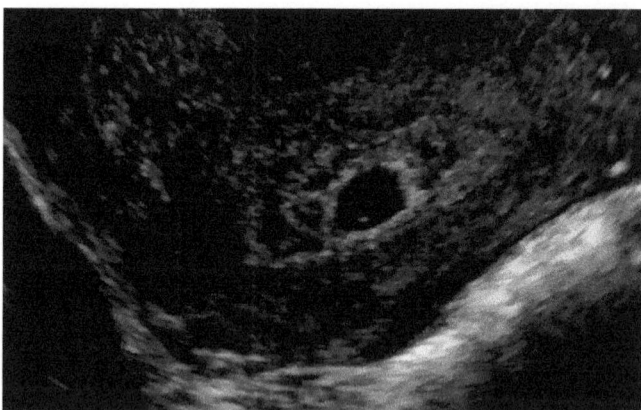

Der schlimmste Verdacht hatte sich bestätigt. Es war kein Baby zu sehen. Kein schlagendes Herzchen. Nichts. Sachlich teilte sie uns mit, dass es sich hierbei um einen Abort handelte und bot uns direkt die Ausschabung unter Narkose an. STOPP! Hatte denn niemand den Hauch von Menschlichkeit übrig, mir zumindest einen Moment Zeit zu geben, diese Information zu verarbeiten? Ich war doch noch gar nicht so weit. Bis vor fünf Minuten waren wir noch werdende Eltern. Ich hatte fest daran geglaubt, mein Krümel würde nur ein wenig bummeln. Das funktionierte für mich in diesem Moment nicht. Ich bedankte mich und bestand darauf, nach Hause zu gehen. Matthias akzeptierte meine Entscheidung. Diese Information musste ich zunächst einmal sacken lassen. Außerdem bestand ich noch auf einen weiteren Bluttest. Ich wollte wissen, wie hoch der HCG-Wert in meinem Blut war. Vielleicht versteckte sich der Bummler nur? So etwas hatte ich doch auch schon oft im Internet gelesen. Ich griff wahrhaftig nach jedem Argument, das ich finden konnte, um den Glauben an die Schwangerschaft aufrechtzuerhalten. Wie wir dann am Nachmittag erfuhren, stagnierte auch der HCG-Wert, und somit war jetzt definitiv klar, wir würden unser Baby verlieren. Der HCG-Wert und die per Ultraschall festgestellte Entwicklung hingen der Norm bereits viele Tage hinterher. Allerdings konnte ich mich mit einer Ausschabung nicht anfreunden und beschloss, den Dingen ihren natürlichen Lauf zu lassen. Ich wollte diese Entscheidung einfach nicht treffen, das Baby aus meinem Bauch entfernen zu lassen. Ich war noch nicht so weit loszulassen. Es dauerte noch zwei weitere Tage, bis Krämpfe und starke Blutungen einsetzten. Die Gebärmutter zog sich immer wieder wehenartig zusammen. Es fühlte sich an wie eine kleine Geburt. Nur nicht ganz so schmerzhaft. Ich veratmete die Schmerzen und musste immer wieder zur Toilette. Matthias saß still und völlig hilflos neben mir. Fragte immer wieder, ob er irgendwas für mich tun könnte. Nach etwa einer halben Stunde löste sich bereits die Plazenta. Zu meinem Erstaunen war sie gar nicht mal so klein. Es war eine kleine Nabelschnur zu erkennen. Der kleine Bummler war nicht mal einen halben Zentimeter groß. Die Kontraktionen hörten auf, und es kehrte Ruhe ein. Es war unendlich still in mir. Ich war nicht traurig. Ich war nicht wütend. Ich war erlöst. Erlöst von einem Kampf gegen die Natur. Übrigens bin ich auch heute noch sehr glücklich darüber, dass ich mich damals gegen die Ausschabung entschieden habe. Niemand hatte mir mein Baby einfach weggenommen. Im Gegenteil. Es ließ mich loslassen. Es ließ mich Abschied nehmen. Mein Sternchen war geboren. Unser Bummler verließ uns in der achten Schwangerschaftswoche am 1. April 2018.

WIE ES WEITERGING

„Als ob mich das ganze Thema nichts mehr anginge, und doch konnte ich an nichts anderes denken.“

Über die Fehlgeburt verloren Matthias und ich kein einziges Wort mehr. Wir setzten den Fokus auf unsere Beziehung und genehmigten uns eine kleine Auszeit am Meer. Befreit und entspannt genossen wir die warmen Sonnenstrahlen des Tages. Aber dennoch war die Situation trotz all der schönen Momente sehr angespannt. In mir drückte die Traurigkeit über das, was geschehen war, und es war, als sei sie fest in mir gefangen. Ich konnte sie einfach nicht freilassen. Zeitweise wunderte ich mich selbst über meine eigene emotionslose Fassade. Als ob mich das ganze Thema nichts mehr anginge, und doch konnte ich an nichts anderes denken. Für Matthias ging das Leben tatsächlich einfach nur weiter. Er verstand lediglich, dass die Behandlung nicht erfolgreich gewesen war. Einen Verlust spürte er nicht, da es für ihn einfach noch nichts Greifbares gegeben hatte. Einer Fortsetzung der Kinderwunschbehandlung wollte er von jetzt an am liebsten widersprechen. Hier lag auch der Grund für unsere Anspannung: Wir hatten beide unsere Emotionen und Gedanken, waren aber nicht mehr in der Lage, darüber zu sprechen. Keiner von uns hätte den anderen von seiner Sicht der Dinge überzeugen können, und der einzig mögliche Kompromiss war bereits getroffen worden. Drei Versuche mit je einem Embryo. Für mich gab es kein Zurück mehr. Außerdem hatten wir ja noch drei Embryonen eingefroren. Ich wollte, dass es funktionierte, ich versprach Matthias aber, mich emotional nicht mehr so sehr in das Thema hineinzusteigern. Immerhin wusste ich jetzt über den ganzen Ablauf Bescheid und konnte mich so auf die jeweiligen Phasen und Gefühlsregungen einstellen. So die Theorie.

∞

Nach dem Abort waren wir gezwungen, die Kinderwunschbehandlung zu unterbrechen. Mindestens bis der HCG-Wert im Blut wieder auf null gefallen war. Der Körper musste sich von den Strapazen erholen. Auf Anraten unserer Kinderwunschklinik sollten wir eine Pause von mindestens zwei Monatszyklen einplanen. Da uns der zeitliche Aspekt jetzt mehr denn je im Nacken saß, bestand ich aber darauf, mit Beginn der nächsten Regelblutung unmittelbar mit der Folgebehandlung zu starten. Es handelte sich ja schließlich nur um einen Transfer mit einem kryokonservierten Embryo, das heißt, eine Stimulation der Eierstöcke war nicht erforderlich. Die Fehlgeburt verdrängte ich erfolgreich, indem ich mich voller Zuversicht und Euphorie in den nächsten Versuch stürzte. Immerhin war der erste Versuch bereits positiv verlaufen, somit gab es überhaupt keinen Grund, am Erfolg des zweiten zu zweifeln. Während des Behandlungsverlaufs musste ich lediglich zweimal zur Ultraschalluntersuchung in die Kinderwunschklinik. Hier wurde meine Eizellreifung im natürlichen Zyklus überwacht. Bis dahin benötigte ich auch keinerlei Medikamente oder Spritzen. So genoss ich ein Stück weit Normalität in meinem Alltag. Als dann der Eisprung kurz bevorstand, erhielt ich die eisprungauslösende Spritze. Damit wurde der Zyklus kontrolliert weitergeführt, sodass der Embryo auch zum bestmöglichen Zeitpunkt zurück in die Gebärmutter gesetzt werden konnte. Das Labor erweckte meine drei Eisbärchen zum Leben. So langsam kam wieder etwas Aufregung in die Sache. Ob alle Embryonen das Auftauen überleben würden? Im Labor war man zuversichtlich und riet uns erneut zur verlängerten Blastozystenkultur, da wir ja ohnehin nur einen Embryo zurücknehmen würden. Dieses Vorgehen hatte auch beim letzten Mal sehr gut funktioniert, und so setzte ich erneut alle Hoffnungen darauf. Damit stand dann auch der Tag des Transfers fest. Dieses Mal war alles wirklich sehr viel entspannter. Keine Vollnarkose, keine geschwollenen und schmerzhaften Eierstöcke und auch kein blaugespritzter Bauch. Die Behandlung im Kryozyklus hatte mich absolut überzeugt. Am Tag des Transfers erfuhren wir, dass sich tatsächlich nur ein Embryo zu einer Blastozyste weiterentwickelt hatte. Zum einen fiel mir ein Stein vom Herzen, dass es überhaupt einer geschafft hatte. Zum anderen war ich aber auch erleichtert, da sich so die Frage nach dem Transfer von zwei Embryonen nicht mehr stellte. Es verlief alles nach Plan, und dieses Mal würde es in jedem Fall klappen! Und so saß ich erneut in der Warteschleife. Nach dem Transfer sollte ich die Einnistung mit einer HCG-Spritze unterstützen. Im Grunde war ich ja froh, dass es weitere medizinische Unterstützungsan-gebote gab. Das bedeutete aber auch, dass jeder Schwangerschaftstest ab sofort sinnlos war, da die Tests auf jeden Fall positiv ausfallen würden. Nun gut, ich wollte mich ja ohnehin zurückhalten. Auf die Spritze, fertig, los. Den Inhalt sollte ich aufteilen. Eine Hälfte spritzten wir am Morgen nach dem Transfer, den Rest drei Tage später. Ich gebe zu, ich musste natürlich dann doch kontrollieren, ob das gespritzte HCG wirklich wirkte, und ja, der Schwangerschafts-test war sowas von fett positiv. Genauso sollte er wieder aussehen. Jetzt stellst du dir bestimmt die Frage, ob meine zweite Warteschleife genauso ent-spannt verlief.

$$\infty$$

Eine der schwersten Aufgaben stand mir noch bevor. Die letzten zehn Jahre war ich nebenberuflich als Fotografin tätig gewesen. Eine Leidenschaft, die ich mir nebenher zum Beruf gemacht hatte. Und jetzt rate mal, auf welche Fotomodelle ich all die Jahre den Fokus gesetzt hatte. Richtig. Schwangere und Neugeborene. Mit meinem mobilen Fotostudio besuchte ich sämtliche Familien zu Hause und hielt das Familienglück fotografisch fest. Jetzt war der Zeitpunkt gekommen, an dem ich das nicht mehr konnte. Mein geliebtes Hobby wurde zur Qual. In den letzten Wochen hatte ich bereits etliche Fotoshootings abgesagt. Bei jedem Fototermin fühlte ich mich, als würde mir jemand einen Pfahl direkt ins Herz stechen. Während mir Mütter ihre wunderbaren kugelrunden Bäuche oder ihre frisch geschlüpften Babys präsentierten, kämpfte ich darum, nicht in Tränen auszubrechen. Niemand hatte auch nur den Hauch einer Ahnung, wie es mir wirklich ging. Also sagte ich alle Termine bis auf Weiteres ab. Alle bis auf einen. Der stand seit einiger Zeit fest im Kalender, und ich hätte ihn unmöglich absagen können. Das Schwangerschaftsshooting meiner eigenen Schwester. Obwohl sie mehrfach und verständnisvoll beteuerte, es sei kein Problem, das Shooting bei einem anderen Fotografen durchzuführen, konnte ich ihr das einfach nicht antun. Und mir übrigens auch nicht. Ich wollte doch diejenige sein, die den Schwangerschaftsbauch meiner eigenen Schwester festhält. In der Nacht vor dem Fotoshooting bekam ich jedoch kein Auge zu. Um niemanden zu wecken, ging ich in mein Büro. Da saß ich nun über meinem Schreibtisch gebeugt, und mir kullerten Tränen über meine Wangen. Laut schluchzend fragte ich immer wieder, warum. Ich schämte mich dafür, dass ich wegen meiner Schwester weinte, denn tief in meinem Herzen freute ich mich aufrichtig für sie. Doch der Neid raubte mir die Luft zu atmen. Ich wusste nicht, wie ich diesen Tag überstehen sollte. Ich hegte einen solchen Hass in mir. Hass auf das Leben, auf mein Schicksal, Hass auf meinen eigenen Körper. Was zur Hölle hatte ich getan, dass mich das Leben auf solch eine Weise bestrafte? Was, wenn es wieder nicht klappte? Sollte ich etwa das, was mir am meisten bedeutete, einfach so aufgeben? Ich konnte es nicht. Ich fühlte die Sehnsucht und zeitgleich diese Machtlosigkeit. Ich wollte stark sein und kämpfen, und doch erstarrte ich vor dem Nichts. Würde ich mich irgendwann zwischen Matthias und meiner Sehnsucht nach einem Kind entscheiden müssen? Gab es ohne Matthias an meiner Seite den Wunsch nach einem Kind überhaupt noch? Könnte ich ihm zukünftig auch ohne einem gemeinsamen Kind noch eine gute Ehefrau sein? Wie sollte ich ihn glücklich machen, wenn ich selbst nicht mehr glücklich wäre? Ich befand mich in einem schwarzen Loch und fand nicht mehr heraus. Aber auch diese Nacht ging irgendwann zu Ende, und ohne dass je irgendwer davon erfuhr, schlief ich erschöpft ein und startete nach einem Gefühls-Reset in einen neuen Tag. Das Shooting war am Ende auch gar nicht so schlimm, wie ich befürchtet hatte. Meine Freude für die beiden überwog einfach. Meine Schwester, ihr Ehemann und ich hatten sehr viel Spaß, und dank unseres tollen Vertrauensverhältnisses entstanden sehr viele wunderschöne Erinnerungen von einem tollen runden Babybauch. Ich war froh, dass ich über meinen Schatten hatte springen können.

∞

Die Warteschleife machte mich verrückt. Alle Beiträge im Internet zu möglichen Schwangerschaftssymptomen waren längst gelesen, es gab keine neuen Erkenntnisse mehr. Ich hatte wieder alle möglichen grünen Punkte. Müdigkeit, Brustspannen, Übelkeit, ein Ziehen in den Leisten, Durchfall, Blähungen, Hitzewallungen – und manchmal auch einfach nur gar nichts. Das gespritzte HCG sorgte regelrecht dafür, dass ich mich rundum schwanger fühlte. Da ein Schwangerschaftstest sowieso kein zuverlässiges Ergebnis liefern würde, begann ich damit, gleich eine ganze Testreihe anzufertigen. Ich hatte mir zahlreiche solcher Reihen im Internet angesehen und empfand es als meine Pflicht, ebenfalls eine anzufertigen und sie anderen Leidensgenossinnen zur Verfügung zu stellen. Damit hatte ich dann auch noch eine plausible

Rechtfertigung für mein Vorhaben. Jeden Tag ein Test, zumindest war das der ursprüngliche Plan. Es wurden dann täglich mindestens fünf Tests, die ich sinnlos zum Fenster hinauswarf. Als ob ich mich hätte schwanger testen können. Aber so war ich mit meiner eigenen kleinen Wissenschaft wenigstens beschäftigt. Der erste Schwangerschaftstest nach der HCG-Spritze war natürlich fett positiv. Die Testlinie wurde dann von Tag zu Tag schwächer. Das gespritzte HCG baute sich rasch ab. Nach der zweiten HCG-Spritze begann das ganze Spiel von vorn. Zunächst war der Schwangerschaftstest fett positiv. Dann wurde die Kontrolllinie von Tag zu Tag schwächer. Manchmal war die farbliche Abstufung kaum zu erkennen, weshalb ich heute empfehle, nur alle zwei Tage einen Test durchzuführen. So kann man die Abstufung am besten erkennen. Alles andere treibt einen nur in den Wahnsinn. Sechs Tage nach dem Transfer müsste das Baby bereits eigenes HCG produzieren. So wartete ich gespannt darauf, dass die Kontrolllinie auf dem Schwangerschaftstest wieder an Intensivität gewinnen würde. Das tat sie aber nicht. Sie wurde heller und heller und heller. Umso heller der Test wurde, umso tiefer sank mein Stimmungsbarometer. So weit, bis ich schließlich völlig am Boden zerstört war.

ES	SP	TEST - INNOVITA	BEMERKUNG
+1	+3		2 Tage vor ES Ovitrelle 6500 IE
+2	+4	keinen Test gemacht	—
+3	+5		—
+4	+6	keinen Test gemacht	—
+5	+7	keinen Test gemacht	Transfer: 1 Blasto
+6	+8		Nachspritzen: 2.500 IE
+7	+1		
+8	+2		Nachspritzen: 2.500 IE
+9	+1		
+10	+2		
+11	+3		
+12	+4		
+13	+5		

Obwohl ich es gar nicht mehr für nötig gehalten hatte, ging ich zum Bluttest in die Kinderwunschklinik. Ich musste an die zwei Frauen denken, die darauf verzichtet hatten und überraschenderweise trotzdem schwanger waren. Mein Schwangerschaftstest war immer noch hauchzart positiv. Der Bluttest zeigte einen HCG-Wert von neun. Meine Ärztin wollte unbedingt einen weiteren Termin zur Blutentnahme vereinbaren, denn für sie gab es wieder eine Fünfzig-fünfzig-Chance. Mittlerweile erkannte auch ich, dass diese Chance überhaupt nicht bestand. Meiner Meinung nach handelte es sich lediglich um die Reste der HCG-Spritze. Ich war nicht schwanger und spürte das auch. Der Schwangerschaftstest war zwischenzeitlich auch blütenweiß und damit negativ. Somit ersparte ich mir den Termin zum zweiten Bluttest und forderte die schnellstmögliche Fortsetzung der Behandlung. Vor Matthias konnte ich meine Gefühle mittlerweile sehr gut verstecken. Mir war klar, wenn ich ihm zeigte, wie sehr ich unter der Behandlung litt, dann wäre er zu keinem weiteren Versuch mehr bereit. Das konnte ich nicht riskieren. Nur einmal schaffte er es, das Eis zu brechen. Nachdem ich das negative Ergebnis erhalten hatte, kam er zu mir und nahm mich ohne Vorwarnung fest in seine Arme. Er sagte zu mir, es sei okay, wenn ich jetzt traurig wäre, und damit brach es dann auch hemmungslos aus mir heraus.

$$\infty$$

Damit ging das ganze Spiel von vorne los. Den letzten geplanten Versuch wollte ich mir natürlich nicht nehmen lassen. Ich begann erneut mit der Stimulation der Eierstöcke. Die Spritzen gab ich mir mittlerweile routiniert selbst, und es machte mir auch überhaupt nichts mehr aus. Matthias konnte mich nicht mehr verstehen. Er war absolut gegen einen weiteren Versuch. Unser gesamtes Privatleben litt unter diesen Behandlungen, aber das wollte ich nicht sehen. Ich lief mit einem Tunnelblick durchs Leben und sah nur noch das Ziel. Ich ärgerte mich sehr darüber, dass ich diese Gefühle in Matthias nicht entfachen konnte.

Auch empfand ich es mittlerweile als unangebracht, dass er jammerte, obwohl er selbst doch fast gar nichts mit der Behandlung zu tun hatte. Schließlich überließ er mich meiner Euphorie, und ich ging ihm völlig aus dem Weg. Wer bis jetzt nicht glauben mochte, dass das Kinderwunsch-Thema zum Beziehungskiller werden kann, der wird jetzt eines Besseren belehrt. Mittlerweile warf ich Matthias sogar vor, dass er mich mit den Strapazen alleine ließ. Immerhin trug ich die ganze Last auf meinen Schultern, ohne mich mit nur einem Wort zu beschweren. Ich war felsenfest überzeugt, dass alle anderen Paare glücklich und verliebt durch eine Kinderwunschbehandlung gingen. Gemeinsame Freude, gemeinsames Leid. So wie es sich eben für glücklich verheiratete Paare gehört. Weder im Kinderwunschzentrum noch in einem der zahlreichen Foren hörte man Stimmen, die auch nur ansatzweise darauf schließen ließen, dass die Wir-wünschen-uns-ein-Baby-Idylle auch Probleme mit sich brachte. Niemand verlor je ein Wort über partnerschaftliche oder familiäre Schwierigkeiten. Es wäre ja auch fatal, wenn man sich hätte eingestehen müssen, dass das schönste Erlebnis der Welt zum schlimmsten Albtraum werden würde. Kein Wort darüber auch, dass die Situation von Mann und Frau einfach grundverschieden war. Während wir Frauen allein durch unsere Hormoncocktails wie ferngesteuert durch die

Welt gehen, bleibt unseren Partnern nichts weiter als der objektive Blick auf das Hier und Jetzt. Matthias hatte das Feuer in meinen Augen gesehen, als ich den Wunsch nach einem gemeinsamen Kind äußerte. Er war bereit, mit mir gemeinsam in ein Kinderwunschzentrum zu gehen, obwohl er das in der Vergangenheit strikt abgelehnt hatte. Doch er musste während der Behandlung aus erster Reihe dabei zusehen, wie ich mir den Bauch grün und blau spritzte. Er sah, wie ich um ein Lächeln im Alltag kämpfte, mir nicht anmerken lassen wollte, wie sehr mich die Situation belastete. Er war an meiner Seite, als ich völlig neben mir aus dem OP geschoben wurde und später in rastloser Unruhe durch unser Haus lief. Er sah mich nur noch leiden und wollte mich beschützen. Körperlich und seelisch. Ich wiederum sah nur eines, unsere glückliche Zukunft mit unserem gemeinsamen Baby. Ich redete mir selbst ein, wenn ich nur genug leiden und kämpfen würde, würde ich irgendwann dafür belohnt werden. Die Kinderwunschbehandlung war meine persönliche Opfergabe für das baldige Glück, und dieses Opfer erwartete ich auch von meinem Mann.

Tapfer begleitete Matthias mich trotzdem zur zweiten Eizellentnahme. Wir wussten bereits, was uns erwartete und somit war zumindest der mittlerweile vertraute Ablauf in der Klinik sehr viel entspannter. Dieses Mal konnten ganze siebzehn Eizellen entnommen werden. Wieder verlor Matthias die Gesichtsfarbe. Schließlich sollte es doch nur noch einen letzten, dritten Versuch mit einem einzelnen Embryo geben. Im Ergebnis konnten elf Eizellen erfolgreich befruchtet werden. Vier davon wurden in die verlängerte Blastozystenkultur geschickt und der Rest wurde kryokonserviert. Das Labor teilte uns mit, dass sie zweimal zwei Embryonen und einmal drei Embryonen im Paket eingefroren hätten. Damit hatte auch Matthias verstanden, dass das Material für drei weitere Runden reichen würde. Jetzt hing der Haussegen endgültig schief. Während Matthias mich gezielt auf unsere getroffene Vereinbarung über maximal drei Versuche hinwies, machte ich ihm ein schlechtes Gewissen, denn schließlich konnte ich auch nichts dafür, dass es im Ergebnis nun mal elf Embryonen waren. Mir war bewusst, dass er es nicht übers Herz bringen würde, die befruchteten Eizellen zu verwerfen. Immerhin könnte die letzte Chance auf ein gemeinsames Baby dabei sein. Und ich hätte das erst recht nicht gekonnt. Wir machten uns gegenseitig Vorwürfe und zweifelten an unserer gemeinsamen Zukunft. Doch all das änderte an einem nichts: Auch

167

dieser Versuch endete mit einem negativen Schwangerschaftstest.

∞

Sofort wollte ich mit der nächsten Kryo-Behandlung starten. Matthias aber widersprach einer weiteren Behandlung. Die drei Versuche waren erfolglos abgeschlossen, und somit war die zuvor getroffene Vereinbarung mehr als erfüllt. Und wieder krachte es. Wir lieferten uns forsche und lautstarke Diskussionen. Wo anfänglich noch Tränen liefen, knallten mittlerweile die Türen. Anschließend verschwand jeder in seinem Zimmer, und wir sprachen oft stundenlang kein Wort mehr miteinander. Irgendwann gab ich auf und ließ ihm den Vortritt, höchstpersönlich in der Kinderwunschklinik anzurufen, um ihnen mitzuteilen, dass die kryokonservierten Embryonen verworfen werden sollen. Ich hätte das nicht über mich gebracht, aber ich hatte auch keine Kraft mehr, gegen meinen eigenen Mann zu kämpfen. Insgeheim hoffte ich natürlich, dass es Matthias es auch dieses Mal nicht übers Herz bringen würde, diese Entscheidung zu treffen. Für mich gab es keine Alternative. Und tatsächlich gelang es uns, noch bevor er diesen Anruf tat, schließlich doch noch einmal, ruhig miteinander zu sprechen. Ich schlug

vor, ja forderte ein, die letzten Embryonen aufzu-
brauchen und die Behandlung dann abzuschließen,
ganz gleich wie sie ausgehen würde. Eine weitere
Stimulation oder Punktion wäre auch für mich nicht
mehr infrage gekommen. Damit war das tatsächliche
Ende faktisch in Sicht. Dieses Mal gab sich Matthias
geschlagen und stimmte den letzten Behandlungen
zu. Ich war so erleichtert und dankbar, dass er mich
diesen letzten Weg gehen ließ. Unsere Ärztin empfahl
mir, vor dem nächsten Transfer weitere Untersuchungen durchführen zu lassen. Also hatte ich kurze Zeit
später einen Termin zur Gebärmutterspiegelung. Sie
wollte wissen, ob es eine Ursache gab, dass es nach
der ersten Fehlgeburt zu keiner weiteren Einnistung
mehr gekommen war. Anhand unserer Blutwerte
ging sie nach wie vor davon aus, dass wir die besten
Voraussetzungen für eine erfolgreiche Schwangerschaft hätten. Aber auch meine Gebärmutter sah laut
Arzt vorbildlich aus. Während der Gebärmutterspiegelung wurde noch ein Scratching durchgeführt.
Dabei wird die Schleimhaut in der Gebärmutter leicht
angeritzt, was eine Einnistung des Embryos unterstützen soll. Zeitgleich sollte ich mit der Einnahme
eines Cortison-Präparats beginnen, was wiederum
eine immune Abstoßung des Embryos verhindern
sollte. Viele neue Ideen brachten neues Vertrauen in
den nächsten Versuch. Jetzt sollte einer Schwangerschaft doch nichts mehr im Wege stehen! Und wieder

wurde ein Paket mit drei Embryonen aufgetaut. Einer wurde eingesetzt. Wieder saß ich in der Warteschleife und fuhr täglich Achterbahn. Wieder waren die Symptome die gleichen, und wieder war das Ergebnis des Schwangerschaftstests negativ.

∞

Psychisch und körperlich war ich jetzt absolut am Ende. Mein Körper brauchte dringend eine Pause. Aber weder Matthias noch ich brachten es fertig, in der Kinderwunschklinik anzurufen, um die letzten vier eingefrorenen Embryonen verwerfen zu lassen. Damit erkannte ich wieder ein bisschen Menschlichkeit in den Augen meines Mannes. Auch wenn er am liebsten keinen weiteren Versuch mehr unternommen hätte, verwerfen war auch für ihn keine Option. Doch ich hatte keine Kraft mehr für eine weitere Behandlung. Mir fehlte aber ebenso die Kraft, über eine gemeinsame Zukunft ohne Baby nachzudenken. Das Jahr neigte sich dem Ende zu. Am Ende entschieden wir uns dazu, die letzten vier Embryonen auf einmal aufzutauen. Aus zwei möglichen Versuchen wurde nur noch einer. Unsere behandelnde Ärztin riet uns zu einer Pause. Wir sollten keine voreiligen Schlüsse ziehen und es in ein paar Monaten noch einmal mit neuer Energie versuchen. Aber auch das war keine Option mehr für mich. Ob schwanger oder nicht, ich war bereit, einen Schlussstrich zu ziehen. Ich wollte ohne Kinderwunschbehandlung in ein neues Jahr starten. Ohne Medikamente und ohne Spritzen. Vor dem letzten Transfer wurden mir weitere hochpreisige Blutuntersuchungen nahegelegt. Diese lehnte ich jedoch ab. Ich war an einem Punkt angekommen, an dem ich selbst feststellen musste, dass es wohl einfach nicht sein sollte. Sicher gab es einen guten Grund, weshalb es einfach nicht klappte. Dennoch legte ich meine ganze Hoffnung auf unseren allerletzten Versuch.

∞

Wir mussten aufgeben und uns von unserem Wunsch nach einem gemeinsamen Baby verabschieden. Mit dem Jahreswechsel endete für uns die Kinderwunschbehandlung. Es fiel eine große Last von unseren Schultern. Es war endlich vorbei. Von jetzt an gab es nur noch uns drei. Matthias, mich und unseren Großen. Auch wenn es einige Zeit dauerte und ich zu Beginn nicht sicher war, wie sich dieses Ergebnis auf mein Leben auswirken würde, bemerkte ich mit Abstand immer mehr, wie dankbar ich über all das war, was ich bis dato hatte. Matthias und ich benötigten Zeit, uns wiederzufinden. Natürlich war ich noch immer enttäuscht, wütend und traurig, aber ich lernte die Energie positiv für mich zu nutzen. Ich konzentrierte mich auf meine berufliche Zukunft und auf all die Dinge, die ich nur ohne ein Baby unternehmen konnte. Immerhin war ich zwischenzeitlich auch Tante geworden und hatte große Freude daran, meinen kleinen Neffen zum Lachen zu bringen. Wir besuchten Freunde, reisten spontan um die Welt, und Stück für Stück wurde mir klar, dass mir auch die Freiheit schon immer wichtig war. Wir waren frei. Von der Schwangeren- und Neugeborenenfotografie hatte ich mich vollständig verabschiedet. Matthias tat es in der Seele weh, dabei zusehen zu müssen, wie ich meine gesamten, mit Liebe zusammengesammelten Shooting Accessoires sowie mein mobiles Fotostudio für Neugeborene mit einem Schlag bei eBay verkaufte. Doch für mich begann damit ein neues Leben, und ich bin auch heute noch sehr glücklich über diese Entscheidung. Veränderung kann eine neue Welt schaffen, sie zuzulassen ist dabei der schwerste Schritt. Mein Körper musste sich von den Strapazen der Behandlung erholen. Mein Monatszyklus war völlig durcheinander. Durch das Absetzen des cortisonhaltigen Präparats entwickelte ich eine heftige Cortison-Akne im Gesicht, die mich lange sehr belastete. Noch heute kämpfe ich mit gesundheitlichen Einschränkungen, deren Ursache meine heutigen Ärzte in der Kinderwunschbehandlung vermuten. Mit viel Geduld wird sich das hoffentlich alles wieder einpendeln. Insgesamt liegen acht harte Monate mit zwei Stimulations- und drei Kryozyklen hinter mir. Der erste Versuch endete mit einer Fehlgeburt in der achten Woche. Alle anderen Versuche blieben leider erfolglos.

1. ICSI mit 1 Blastozyste
   Im Februar 2018 – positiv, Abort in der 8. Woche

2. KRYO mit 1 Blastozyste
   Im Mai 2018 – negativ

3. ICSI mit 1 Blastozyste
   Im August 2018 – negativ

4. KRYO mit 1 Blastozyste
   Im September 2018

5. KRYO mit 1 Blastozyste
   Im November 2018

ES GIBT HOFFNUNG

„Wunder passieren immer wieder."

Aber ich möchte dieses Buch nicht traurig enden lassen. Denn während dieser besonderen Zeit durfte ich zahlreiche tapfere Frauen kennenlernen, die sich bereits nach wenigen Versuchen auf ihr kommendes Baby freuen durften. Es gab Frauen, die sich unglaublichen sechzehn Versuchen unterzogen haben, bis sie endlich schwanger waren, und die noch heute sagen, dass sie den Weg für ihr Kind immer wieder gehen würden. Einige Frauen befanden sich sogar schon das zweite Mal in Behandlung für ein Geschwisterkind. Manchmal erinnerte ich mich an die ein oder andere Leidensgeschichte und kehrte als heimliche und neugierige Mitleserin in mein Forum zurück, nur um zu erfahren, was sich für meine Mitstreiterinnen zwischenzeitlich geändert hatte. Genau wie ich hatten einige Frauen aufgeben müssen. Aber einige hatten auch Erfolg und hielten bereits ihre Babys im Arm.

∞

An dieser Stelle danke ich dir ganz herzlich für dein Interesse an meiner ganz persönlichen Geschichte. Ich wünsche dir, dass deine Kinderwunschbehandlung schnell erfolgreich sein wird und du dich bald über dein kommendes Baby freuen darfst. Ich wünsche dir Kraft und Durchhaltevermögen für die Tage, an denen du nicht weißt, wie es weitergehen soll. Und wenn es tatsächlich nicht klappen sollte, so hoffe ich, dass dir dieses Buch und mein eigenes Beispiel auch dann Kraft und Zuversicht geben kann. Vor allem weißt du jetzt, dass auch die schwierigsten Situationen im Alltag eines Paares zur Zeit einer Kinderwunschbehandlung völlig normal sind. Du bist nicht alleine. Ich schließe dieses Buch mit den ehrlichsten Worten meiner behandelnden Ärztin nach jedem Embryo-Transfer:

Ich wünsche euch viel Glück.

DANKSAGUNG

Mein größter Dank geht an meinen wundervollen Ehemann, der diesen steinigen Weg mit mir gemeinsam gegangen ist. Während dieser besonderen Zeit wurde unsere frisch geschlossene Ehe auf eine harte Probe gestellt. Ich bin stolz darauf, dass wir diese Prüfung gemeinsam bestanden haben. Mein Dank gilt auch meinem heute vierzehnjährigen Sohn. Zwar hatte er über die Kinderwunschbehandlung zum damaligen Zeitpunkt keine Kenntnis, befand sich aber ständig inmitten unserer Hochs und Tiefs. Ich bin dankbar, dass er ein wichtiger Teil in unserem Leben ist. Vielleicht sogar der wichtigste. Nicht vergessen möchte ich meine großartige Schwester, die als Hebamme immer ein offenes Ohr für mich und meine grünen Punkte hatte. Auch danke ich dem Rest meiner Familie und auch meinen großartigen Freunden, die uns in der schweren Zeit vor allem mit viel Verständnis unterstützt haben. Ich danke euch allen von Herzen.